GALOPP UND
FLIEGENDE WECHSEL

28.04.2004

[illegible]

GALOPP UND FLIEGENDE WECHSEL

VOM GRUNDGALOPP ZU EINERWECHSELN

RUTH GIFFELS

CADMOS
PFERDEBÜCHER

Gestaltung: Ravenstein, Verden
Fotos: W. Ernst, S. Hesse, G. Kapitzke, Ch. Slawik
Druck: Westermann Druck Zwickau GmbH

Printed in Germany

ISBN 3-86127-395-0

INHALT

INHALT

VOM GRUNDGALOPP ZU EINERWECHSELN

EINLEITUNG

Ein ganzes Buch über Galopp und fliegende Wechsel? Ja, meine Freude am Galoppieren und an schönen fliegenden Wechseln möchte ich gerne teilen! Diese Themen werden herausgestellt aus dem Zusammenhang der gesamten Ausbildung, in den sie hinein gehören und der hier nur im Hinblick auf das Thema mit beschrieben wird. Aus der Erfahrung mit der Ausbildung vieler sehr verschiedener Pferde und Reiter sammle ich Fragen und Antworten, die dazu beitragen sollen, die Entwicklung des Galopps und der fliegenden Wechsel systematisch und durchdacht anzugehen. Gerade die fliegenden Wechsel sind ein Thema, bei dem Fehler in der Ausbildung sich sehr nachhaltig auswirken können. Für manche Reiter stellen sie eine Klippe dar, und hat ein Pferd die Wechsel erst einmal falsch gelernt, ist es oft nur noch mühevoll zu korrigieren.

In erster Linie wende ich mich an Reiter, die ihre Pferde dressurmäßig ausbilden wollen, auch im Hinblick auf Dressurprüfungen. Die gründliche Ausbildung des Galopps und der Wechsel sind auch für ein gutes Spring- und Geländepferd unabdingbar, will man die von ihnen im Parcours und Gelände geforderte Wendigkeit und Schnelligkeit so erreichen, dass sie möglichst lange gesund bleiben. Auch im Westernreiten spielen der Galopp als Basis-Gangart und die fliegenden Wechsel eine große Rolle. Die Schulung spezieller Formen des Galopps, wie des Terre-à-Terre oder des Redopps, die heute nur noch von einigen Liebhabern angestrebt wird, bleiben außen vor.

DIE GANGART GALOPP

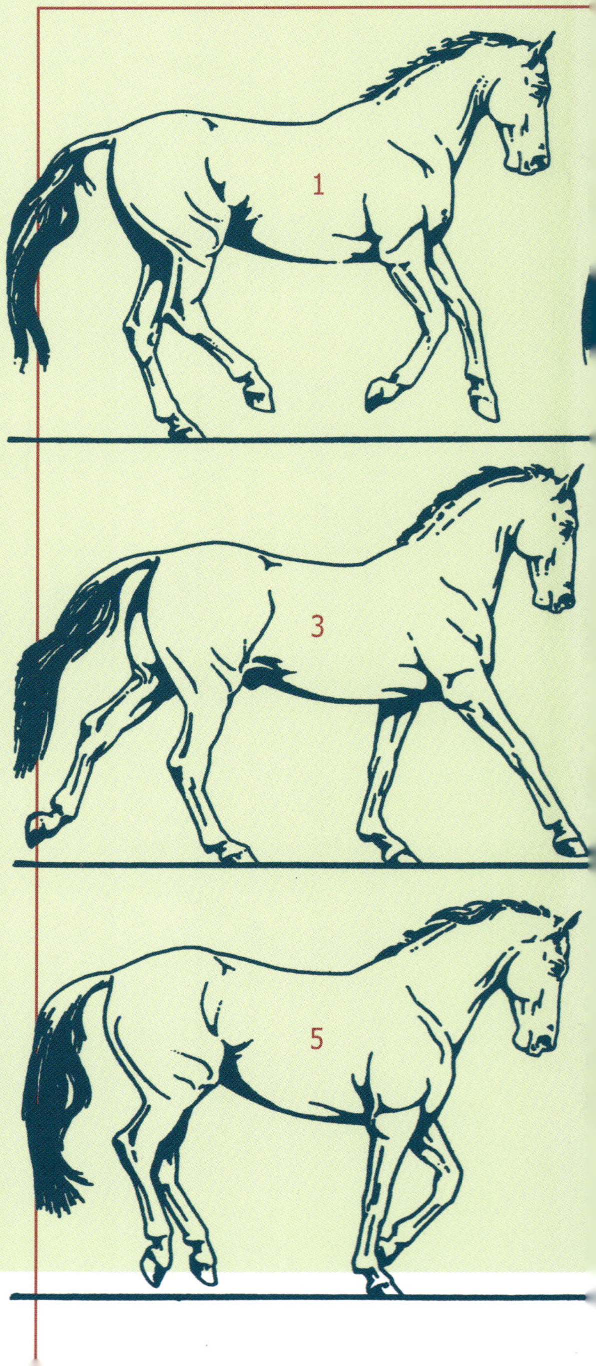

Der Galopp besteht aus einer Reihe kleiner Sprünge, der einzelne Galoppsprung vollzieht sich in drei Takten, die man auf hartem Boden hören kann. Nach jedem Galoppsprung folgt eine Schwebephase, bei der alle vier Pferdefüße in der Luft sind – schweben. Im Rechtsgalopp greift das rechte Beinpaar weiter vor, im Linksgalopp das linke.

Was hat die Fußfolge im Galopp mit der Geschichte des Films zu tun? Obwohl schon de la Guérinière in seiner „Ecole de Cavalerie" (1733) die Fußfolge im Galopp richtig beschrieben hatte, stritt man sich im 19. Jahrhundert in Amerika darum. Eadweard Muybridge löste diese Frage, indem er Techniken entwickelte, um die Galoppbewegung in Phasen zu fotografieren. Dazu spannte er dünne Drähte über den Boden, quer zur Bewegungsrichtung des Pferdes. Jeder Draht löste eine Kamera aus, wenn er beim Galoppieren zerrissen wurde. So entstanden Einzelbilder der Galoppphasen. Diese Einzelbilder wollte Muybridge nacheinander vorführen, um einen Eindruck der Bewegung zu vermitteln. Er entwickelte sein „Zoopraxiskop" (1879), einen Vorläufer des Filmprojektors.

Anhand seiner Bilder war die Frage der Fußfolge eindeutig geklärt.

Phasen im Rechtsgalopp

1. Einbeinstütze hinten links
2. Dreibeinstütze
3. Hinten links hat abgefußt, Zweibeinstütze
4. Dreibeinstütze
5. Einbeinstütze vorne rechts
6. Schwebephase

Wenn das Pferd hinten Rechtsgalopp und vorne Linksgalopp zeigt oder umgekehrt, geht es Kreuzgalopp. Unter dem Sattel korrigiert der Reiter diesen Galopp sofort, schon deswegen, weil er sehr unbequem zu sitzen ist. Zeigt ein Pferd im Freilauf viel Kreuzgalopp, spricht das nicht unbedingt für eine gute Galoppade, weil es von mangelnder Balance in dieser Gangart zeugt.

Im Renngalopp zeigt das Pferd vier Takte, das innere Hinterbein und das äußere Vorderbein fußen nacheinander auf, so kann das Pferd den Körper maximal strecken und damit so schnell so viel Boden wie möglich machen.

Der Galopp ist die Gangart, in der das Pferd flüchtet, mancher Reiter wird unangenehme Erfahrungen mit Pferden kennen, die sich erschrecken und danach durchgehen – im unkontrollierten Galopp davonstürmen. Wenn man im Gelände sein Pferd einmal laufen lässt, kann es durchaus sein, dass es dabei zu einer Adrenalin-Ausschüttung kommt und das Pferd danach noch aufgeregt ist. Wer damit nicht umgehen kann oder will, lässt sein Pferd also besser nicht rennen, sondern bestimmt das Tempo, pariert durch, bevor das Pferd anfängt, unkontrolliert schnell zu werden. So genannte Galopp-Strecken entstehen, wenn man das Pferd immer auf einer bestimmten Strecke rennen lässt. Ich vermeide das, indem ich zum einen die Strecke nicht immer in dieselbe Richtung nehme, Übergänge zwischen den Gangarten reite und manchmal die Pferde auch richtig dressurmäßig arbeiten lasse auf Strecken, die sie sonst im freien Tempo galoppieren dürfen. So warten sie immer ab, was jeweils angesagt ist.

Im Galopp werden vier Tempi unterschieden: Arbeitsgalopp, Mittelgalopp, sStarker Galopp und versammelter Galopp. „Kriterien für alle Galopptempi sind der klare Dreitakt mit einem Moment der freien Schwebe. Das Pferd springt in Bergauf-Tendenz mit den Hinterbeinen möglichst weit in Richtung unter den Schwerpunkt. Im Galopp darf das Pferd auch auf gerader Linie geringfügig gestellt sein.

Kreuzgalopp: das Pferd zeigt vorne Rechtsgalopp, hinten Linksgalopp

Der Arbeitsgalopp ist geregelt, fleißig und schwungvoll. Das „Galoppsprünge verlängern" ist eine Vorstufe zum Mittelgalopp. Im Mittelgalopp werden raumgreifendere Sprünge mit entsprechender Rahmenerweiterung verlangt.

Im versammelten Galopp nimmt die deutlicher unterspringende Hinterhand vermehrt Last auf, ohne an Fleiß zu verlieren. Der Galoppsprung wird erhabener, der Bodengewinn geringer.

Im starken Galopp wird der größtmögliche Bodengewinn bei entsprechender Rahmenerweiterung erzielt. Der Galoppsprung darf gegenüber dem Mittelgalopp nicht eiliger werden." („Aufgabenheft Reiten" Ausgabe 2000, S. 9)

Der Vierschlag-Galopp, bei dem das innere Hinterbein und das äußere Vorderbein nacheinander auffußen, hat im Laufe der Zeiten unterschiedliche Bewertungen erfahren. Für de la Guérinière „bildet (er) die wahre Cadenz des schönen Galops, der mit den Hanken geschwind und mit der Vorderhand kurz seyn muß ..." („Reitkunst", S. 134) Bei Richard Wätjen liest man: „Im Schulgalopp muß unbedingt der Sprung im Dreitakt erfolgen, auch in den kleinsten Wendungen muß jeder Galoppsprung durch den vermehrten Nachschub mit gebogenen Hanken in korrekter Fußfolge ausgeführt werden." Der Schulgalopp ist der versammelte Galopp

Versammelter Galopp: Die Hinterhand schiebt vermehrt unter, der Galoppsprung wird kürzer und erhabener. Lusitanohengst Girassol mit Ruth Giffels

der „Hohen Schule", „das Pferd soll kurze, erhabene Sprünge machen, wozu natürlich eine vermehrte Aufrichtung und Biegung (Versammlung) und Unterschieben der Hinterhand nötig sind." („Das Dressurreiten", S. 81)

Ausgeprägter Vierschlag-Galopp auf der Weide

Die unterschiedlichen Pferdetypen in den verschiedenen Zeiten mögen eine Rolle bei der Bewertung des Vierschlag-Galopps spielen. Pferde mit sehr kurzen Rücken, wie man sie beispielsweise bei den Andalusiern häufiger findet, neigen eher dazu, als Vollblut-beeinflusste Warmblüter.

Sieht man sich Film-Aufnahmen von gut bewerteten Pirouetten im Turniersport einmal in Zeitlupe an, so sieht man, dass fast kein Pferd die Pirouette komplett im Dreitakt durchhält. So ist auch die Forderung „der Dreitakt des Galoppsprungs soll in keinem Moment verloren gehen" („Richtlinien für Reiten und Fahren" Band 2, 11. Aufl., 1990, S. 70) der Einsicht gewichen „dass sich bei einer gut gesetzten Galopp-Pirouette der Dreitakt insoweit auflösen kann, als von der diagonalen Stütze der innere Hinterfuß für den Bruchteil einer Sekunde eher auffußt als das äußere Vorderbein. Dieser Vorgang ist aber mit bloßem Auge kaum erkennbar." („Richtlinien für Reiten und Fahren" Band 2, 13. Aufl., 2001, S. 81)

Unterschiedliche Pferdetypen. Oben: Lusitano mit kurzem Rücken; unten: Holsteiner mit längerem Rücken

DER SITZ DES REITERS

ist gut, wenn er so ausbalanciert und losgelassen ist, dass der Reiter weich und geschmeidig in die Bewegungen des Pferdes eingehen kann. Dabei sitzt er ruhig mit entspannten Gesäßmuskeln im tiefsten Punkt des Sattels, die beiden Gesäßknochen seitlich gleich weit von der Mitte des Sattels entfernt. Der Oberkörper ist aufrecht und stabil, die Schultern sind auf einer Höhe, aus den Schultern hängen die Oberarme locker herunter. Die Ellbogen werden leicht am Körper angelegt und bilden so eine Führung für die Unterarme, die vom Ellbogen über die Handrücken mit den Zügeln eine fast gerade Linie bis zum Pferdemaul bilden. Die Hände stehen senkrecht und die Handgelenke werden in der Grundhaltung nicht eingedreht. Die Finger sind locker und beweglich, nicht verkrampft, eher so, als ob man Flöte spielen wollte. Die Beine liegen mit der Innenseite der Schenkel weich am Pferd an. Die Hüft-, Knie- und Fußgelenke erlauben ein Ausfedern der Bewegungsimpulse aus dem Rücken nach unten. Ich zähle nur kurz die wesentlichen Merkmale auf, ausführliche Beschreibungen sprengen hier den Rahmen und finden sich bei: „Richtlinien für Reiten und Fahren" Band 1, 27. Aufl., 2000, S. 51 ff., Podhajsky: „Die klassische Reitkunst" S. 202 ff.

Einen guten Sitz werden Sie nur in einem passenden Sattel entwickeln können. Der Sattel muss Ihrem Pferd und Ihnen passen! Wenn die Sitzfläche zu klein ist, werden Sie nicht im tiefsten Punkt des Sattels sitzen können, sondern immer wieder nach hinten hochgeschoben. Speziell im Galopp ist ein weiches Mitnehmen-Lassen in die Bewegung des Pferdes dann erschwert.

Sitzschulung

Wie lernt man solch geschmeidigen, zügelunabhängigen Sitz? An der Longe, langsam und beharrlich, von wenigen Naturtalenten einmal abgesehen. Je nach Körpergefühl, Beweglichkeit und dem Alter, in dem man mit dem Pferd in Kontakt kommt, wird man mehr oder weniger Zeit dazu brauchen. Erst wenn man so selbstverständlich sitzt, dass man sich auf die Bewegungen des Pferdes konzentrieren kann, macht es Sinn, auf diese Bewegungen gezielt Einfluss zu nehmen. Für diese erste Stufe der reiterlichen Ausbildung veranschlagt

Sitzübungen an der Longe: Kladruberhengst Generalissimus Errata mit Claudia Witting und Richard Hinrichs

Richard Wätjen in seinem Buch „Das Dressurreiten" drei bis fünf Jahre, dabei geht er von einem jungen Schüler im Alter von etwa zehn bis zwölf Jahren aus: „Während der ersten drei bis fünf Jahre der Ausbildung muss er einen völlig korrekten und geschmeidigen, von den Bewegungen des Pferdes unabhängigen Sitz erlernen und physisch so trainiert sein, dass es keine Steifheit mehr gibt und eine korrekte Einwirkung der Hilfen jederzeit erfolgen kann." (Richard L. Wätjen: „Das Dressurreiten", 6. Aufl.; Berlin: Parey, 1966; S. 14)

Alois Podhajsky beschreibt die Sitzschulung in „Die klassische Reitkunst" so: „An der Spanischen Reitschule werden die Reiter so lange an der Longe ausgebildet, bis der korrekte Sitz erreicht und auch gefestigt ist. Meistens erfordert dies einen Zeitraum von einem halben bis einem Jahr" mit täglichen Sitzlongen-Übungen von 30 – 45 Minuten, wobei die Eleven meist schon vor ihrem Eintritt in die Spanische Reitschule geritten haben. (Alois Podhajsky: „Die klassische Reitkunst", Stuttgart : Franckh-Kosmos-Verl., 1998, S. 209)

Sitzlongen-Unterricht macht für den Reitlehrer viel Arbeit. In derselben Zeit lässt sich mit einer Gruppenstunde mehr Geld verdienen. Insofern findet man vielleicht nicht in der nächstgelegenen Reitschule die beste Möglichkeit, muss eventuell weiter fahren und bereit sein, die Arbeit zu honorieren, auch durch entsprechende Bezahlung. Oder man sucht sich Gleichgesinnte und nimmt sich gegenseitig an die Longe, oder sucht sich im Urlaub eine passende Ausbildungsstätte. Wer ernsthaft reiten lernen möchte, wird sich jedenfalls diese Grundlage schaffen. Damit lässt sich auch Frustrationen vorbeugen, die leicht entstehen können, wenn man, ohne gut zu sitzen, anfängt, Pferde formen oder gar junge Pferde ausbilden zu wollen. Auch begleitend zum eigenständigen, freien Reiten kann man seinen Sitz immer weiter schulen und bei neu auftretenden Schwierigkeiten in der Ausbildung gegebenenfalls wieder überprüfen lassen.

Aus der Physiotherapie stammt die Erkenntnis, dass es sehr viel länger dauert, einen falschen Bewegungsansatz zu korrigieren, als eine neue Bewegung gleich richtig zu erlernen. Auch unter diesem Aspekt ist es also sinnvoll, in eine gute Grundlage zu investieren!

Erst aus dem korrekten Sitz heraus können Einwirkungen mit dem Ziel gegeben werden, die Haltung und Bewegung des Pferdes positiv zu beeinflussen. Wer aber seine Hände und Beine braucht, um sein eigenes Gleichgewicht (wieder) zu finden, ist noch so sehr mit sich beschäftigt, dass es völlig unangebracht erscheint, ein anderes Wesen positiv beeinflussen zu wollen. Wie viele ungewollte Handeinwirkungen könnte man den Pferden ersparen, wenn auf einen zügelunabhängigen Sitz und seine Ausbildung mehr Wert gelegt würde?

Ich erinnere mich gut an ungezählte Longenstunden unter anderem auf einem Vollblüter, der von der Rennbahn kam und nicht gerade mit weichen Bewegungen gesegnet war. Erst als ich ihn freihändig und in verschiedenen Armkreise-Übungen, auch ohne Bügel, in allen Gangarten aussitzen konnte, durfte ich die Zügel aufnehmen und anfangen, an der Longe zu reiten – eine gute Möglichkeit für den Übergang zum freien Reiten.

Sitzen Sie so gut und locker, dass Sie die Zügel nie zum Ausgleich einer Balancestörung brauchen? Viele Reiter kommen nach einem Arbeitstag im Büro, nach meist vielen Stunden im Sitzen zum Pferd. Ein bisschen gezielte Gymnastik vor dem Reiten kann da helfen, locker zu werden. Und wenn man einmal besonders verspannt ist, kann man ja sein Reitprogramm daran anpassen und dem Pferd Aufgaben ersparen, bei denen der eigene steife Rücken in unschöner Weise den des Pferdes trifft. Und auch wenn es in der Aubildung des Pferdes an einer Stelle hakt, kann es angezeigt sein, den Sitz zu überprüfen (Video-Aufnahme oder Beobachter, Lehrer) und wenn nötig zu verbessern.

Gymnastik für Reiter

Alle anderen Sportler wärmen sich in geeigneter Weise auf, lockern die Muskulatur, bevor sie an die eigentliche sportliche Leistung herangehen. Reiter scheinen das nicht zu brauchen, man bewegt sich ja schon beim Putzen und eventuell Misten der Box. Aber ist das die geeignete Vorbereitung? Spüren Sie doch einmal nach, bevor Sie aufsteigen, ob Sie wirklich locker sind, Bekken und Hüften – das Bewegungszentrum des Reiters, Schultern, Hand- und Fußgelenke, Finger, alles locker?

Wer sich gezielt mit der Verbesserung seiner physischen Voraussetzungen beschäftigen möchte, findet dazu heute ein breites Angebot an Literatur und Videos, in denen Übungen zur Lockerung und Stabilisation beschrieben sind. Um nur einige zu nennen: Susanne von Dietze: „Balance in der Bewegung" (Buch und Video), Sally Swift: „Reiten aus der Körpermitte" (Band 1 und 2) Susanne Fritz und Frauke Behrens: „Sitzkorrektur durch Physiotherapie für Reiter" (Video)

Zunehmend werden auch Kurse zur Physiotherapie für Reiter angeboten.

Die Atmung

Zu wenig Beachtung findet oft die Bedeutung der Atmung für den Sitz und die Hilfengebung. Beobachten Sie einmal die Wirkung der Atmung auf Ihre Körperhaltung, atmen Sie bewusst tief ein und aus. Im Moment des Einatmens hebt sich das Brustbein, Sie richten sich auf, werden größer und gestreckter. Während des Ausatmens lässt die Körperspannung nach, Sie werden kleiner. Wer sich verkrampft, vergisst oft, gleichmäßig zu atmen, hält die Luft an und bleibt damit in einer stärkeren Körperspannung, die den Bewegungsfluss stören kann.

Wenn man übt, den Atem bewusst in eine Seite zu lenken, kann man damit seitliche Schiefen ausgleichen helfen, die kurze Seite wird durch das vermehrte Hineinatmen gedehnt. Auch nimmt man gezielt beatmete Körperregionen anders wahr, kann sie bewusster einsetzen.

Achten Sie auch immer wieder auf die Atmung Ihres Pferdes. Wenn sie stoßweise oder sonstwie ungleichmäßig ist, wird auch Ihr Pferd sich unzweckmäßig verspannen.

REITEN ALS DENKSPORT

Ein guter Sitz ist die physische Voraussetzung für eine gefühlvolle Einwirkung auf das Pferd. Um Pferde ausbilden zu können, braucht man darüber hinaus eine Schulung, aus der man ein Gefühl für die richtige Ausführung einer Lektion entwickelt. Dabei ist mentales Training ein gutes Hilfsmittel. Wie fühlt es sich an, wenn es gut ist? Konkret: Wie fühlt sich zum Beispiel ein gutes Angaloppieren mit diesem Pferd an? Die Konzentration darauf, was man erreichen möchte, auch positives Denken genannt, hilft. Das Abspeichern und Erinnern guter Momente kann gezielt eingesetzt werden. Deswegen sind Pausen nach gelungenen Lektionen so wichtig, für Pferd und Reiter. Dem Pferd vermittelt man, dass es sich in gewünschter Weise verhalten hat. Der Reiter kann die Pause nutzen, um innerlich ein Foto zu machen, das er vor der nächsten Ausführung der gewünschten Lektion erinnert. Diese inneren Bilder sprechen das Pferd mental an, die sichtbaren Hilfen können mit einem vertrauten Pferd so oft auf ein Minimum reduziert werden.

Oft hilft es auch auszusprechen, was man erreichen möchte. Häufig blockieren Reiter sich und ihre Pferde, indem sie „Nein" sagen. „Nein" heißt aber nur: Dies nicht oder so nicht. Wenn man statt dessen positiv ausspricht, was man erreichen möchte, strahlt man das Gesagte auch aus. Beispiel: Ein Reiter möchte aus dem Schritt angaloppieren, sein Pferd trabt aber erst, um dann aus dem Trab einzuspringen. „Nein" – sagt dem Pferd nicht, was es nicht tun soll – nicht traben? Nicht galoppieren? Ein deutlich ausgesprochenes „Galopp – jetzt" bringt viel mehr Energie über.

Petra und Wolfgang Hölzel haben ein sehr gutes Buch zu diesem Thema geschrieben: „Mentales Training für Reiter: der neue Weg zum erfolgreichen Reiten".

Das Buch „Perfekt Dressur reiten" von Dominique Barbier und Mary Daniels beschreibt sehr detailliert „die Kraft des Geistes als wichtigste Hilfe des Reiters".

HILFENGEBUNG ZUM ANGALOPPIEREN

Zunächst stelle man sich die Fußfolge im Galopp vor. Kurze Testfrage, bevor Sie weiterlesen:

Mit welchem Hinterbein springt das Pferd in den Rechtsgalopp ein?

?!

Hinten links, es folgt das diagonale Beinpaar hinten rechts und vorne links, dann vorne rechts, Schwebephase. Für den Linksgalopp entsprechend hinten rechts beginnend ...

Wie kann man diesen Bewegungsablauf sinnvoll einleiten und unterstützen?

Es gibt mehrere Möglichkeiten, Pferde auf Hilfen zu konditionieren. Im Wesentlichen unterscheiden sich die in der Literatur beschriebenen durch den Einsatz entweder des äußeren oder des inneren Schenkels, der die Galopphilfe gibt, durch einen kleinen Impuls, einen kurzen Druck. Der äußere Schenkel kann dazu etwas zurückgelegt werden. Es finden sich viele Varianten. Kombiniert mit dem Schenkelimpuls wird die Gewichtshilfe, das heißt eine stärkere Belastung eines Gesäßknochens; ein Autor spricht für den inneren, ein anderer für den äußeren. Durch ein Verlegen des Schenkels nach hinten, auch wenn es nur ein paar Zentimeter sind, wird ohnehin der gegenüberliegende Gesäßknochen vermehrt belastet. Das kann man versuchen, indem man die Hände unter die Gesäßknochen schiebt, auf einer Holzbank oder einem Hocker sitzend, und dann fühlt, was passiert, wenn man ein Bein ein bisschen zurück legt.

Erste Phase des Rechtsgalopps. Hannoveraner-Stute
Funny Girl mit Nicole Künzel

Die vermehrte Belastung des inneren Gesäßknochens soll das Pferd animieren, mit dem inneren Hinterbein gut unterzuspringen. Die stärkere Belastung eines Gesäßknochens darf nicht dazu führen, dass der Reiter über der Hüfte einknickt und auf einer Körperseite kürzer wird.

In Kombination mit diesen Schenkel- und Gewichtshilfen wird auch eine einleitende halbe Parade mit dem inneren oder dem äußeren Zügel vertreten. Um das breite Spektrum von Möglichkeiten anzudeuten, zitiere ich hier drei Autoren:

Richard Wätjen beschreibt die Hilfen zum Angaloppieren – des jungen Pferdes – in seinem Buch „Das Dressurreiten" so: „Das Angaloppieren des Pferdes kann man auf verschiedene Weise ausführen, entweder auf dem Zirkel durch vermehrt vortreibende Hilfen, mit dem inneren Schenkel bei gleichzeitig verwahrenden Hilfen mit dem äußeren Schenkel und halben Paraden am äußeren Zügel, oder vor einer Ecke der Bahn, wo man mit entsprechenden Schenkelhilfen, vereint mit Gertenhilfen an der inneren Schulter, das Pferd leicht in den Galopp bringen wird." („Das Dressurreiten", 6. Aufl., Berlin: Paul Parey, 1966. S. 30)

In den „Richtlinien für Reiten und Fahren" steht zur „Schulung im Galopp: Hat sich das junge Pferd nach einigen Übungsstunden an das Abwenden im Trab und das Reiten auf dem Zirkel gewöhnt, wird das Angaloppieren geübt. Entstehen Augenblicke, in denen das Pferd den Galopp anbietet, so sollten die Situationen zunächst genutzt werden.

Den meisten Pferden fällt der Linksgalopp leichter als der Rechtsgalopp. Daher ist es am zweckmäßigsten, auf der linken Hand auf dem Zirkel zu traben und bei Erreichen der geschlossenen Seite des Zirkels anzugaloppieren. Durch vermehrtes Vorwärtsreiten und Treiben mit dem inneren Schenkel veranlasst der Reiter das Pferd anzuspringen. Dabei kann anfänglich ein leichtes Unterstützen mit der Gerte hilfreich sein." („Richtlinien für Reiten u. Fahren, Band 1: Grundausbildung für Reiter u. Pferd", 27. Auflage, 2000, S. 187)

Das Angaloppieren mit dem inneren Schenkel hat den Vorteil, dass die Hinterhand nicht nach innen ausweicht, wie es bei einem zu stark zurück gelegten äußeren Schenkel leicht geschehen kann.

Bei Nuno Oliveira liest man: „Im Trabe beginne man, jene Hilfen, welche später für das Angaloppieren aus dem Schritt notwendig sind, anzudeuten: Das äußere Bein leicht nach hinten (ganz leicht), Gewicht auf die äußere Gesäßhälfte und die äußere Schulter leicht zurücknehmen. Wenn das Pferd daraufhin auf beiden Händen aus dem versammelten Trab ohne Schwierigkeiten angaloppiert und im Galopp ruhig bleibt und ebenso leicht zum versammelten Trab zurückfindet, ist der Augenblick gekommen, das Angaloppieren aus dem Schritt zu beginnen." (Nuno Oliveira: „Klassische Grundsätze der Kunst Pferde auszubilden" 2. Aufl., Hildesheim u.a.: Olms-Presse, 1999. S. 99 f.)

Welche Hilfe oder Kombination von Hilfen auch immer man wählt, wichtig ist, dass man in seiner Hilfengebung konsequent bleibt. Wenn ich also beispielsweise auf den äußeren Schenkel angaloppiere, dann immer. Pferde lassen sich zwar umstellen, es ist aber viel mühsamer, einmal angenommene Verhaltensmuster zu ändern, als gleich mit einem in sich schlüssigen Aufbau zu arbeiten.

Ich praktiziere das Angaloppieren auf einen Impuls mit dem äußeren Schenkel, den ich dazu leicht zurück lege.

Hilfen und Timing in v. Ziegner besser!

Dadurch kommt etwas mehr Druck auf den inneren Gesäßknochen und die innere Hüfte kommt leicht vor. Weder den Druck noch das Vorkommen der Hüfte betone ich, sie ergeben sich aus dem leichten Verlegen des äußeren Schenkels. Gerade im Hinblick auf eindeutige Hilfen zum fliegenden Wechsel hat es sich bewährt, es ist klarer als eine Kombination von Druck am inneren und verwahrendem Zurücklegen des äußeren Schenkels.

Bewährt hat sich außerdem ein kleiner Arrêt am äußeren Zügel, er animiert das Pferd, mit dem äußeren Hinterbein einzuspringen. Ein Arrêt ist ein kurzes, energisches Schließen und wieder Öffnen der Hand.

Angaloppieren des jungen Pferdes

Wann beginnt man, das junge Pferd unter dem Reiter zu galoppieren? Die Frage kann nicht pauschal beantwortet werden. Je nach Temperament und Veranlagung des Pferdes, Geschicklichkeit des Reiters und des Pferdes, dem Platz, den man zur Verfügung hat, kann die Antwort variieren. Generell kann man sagen, dass das Pferd im Schritt und im Trab geregelt gehen sollte, an der Longe auf leichte Hilfen angaloppieren und den Galopp auch eine Weile ohne Schwierigkeiten durchhalten können sollte. Dann kann man anfangen, es unter dem Sattel zum Galopp aufzufordern.

Bei Pferden, die sich mit dem Galopp schwer tun, ist es besser, sie erst gewichtslos an der Longe und im Schritt und Trab unter dem Reiter so weit zu kräftigen, dass die ersten Galoppversuche keine Mutprobe für Reiter und Pferd darstellen. Es kann bei Spezialfällen durchaus hilfreich sein, zunächst die Seitengänge im Schritt und im Trab zu entwickeln, bevor man mit dem Galoppieren anfängt. Manchen Gangpferden oder auch schwereren Pferdetypen, die auch im Freilauf wenig Neigung zum Galopp zeigen, gelingt ein geregeltes Angaloppieren unter dem Reiter erst, wenn sie im Trab schon weit gefördert sind. Besonders kräftigend auf das jeweilige innere Hinterbein wirkt sich das Schulterherein aus.

Zur direkten Vorbereitung des Einspringens bietet sich bei Pferden, die damit Schwierigkeiten haben, ein leichtes Kruppeherein an: Man lädt das Pferd ein, mit der Hinterhand ein wenig nach innen zu kommen, aus dieser Stellung fällt es dem Pferd leichter einzuspringen. Wie gesagt, dies gilt für Pferde, die sich mit dem Angaloppieren unter dem Reiter auch nach guter Vorbereitung schwer tun. Ansonsten versucht man von Anfang an, das Pferd relativ gerade gerichtet einspringen zu lassen.

Meist kann man schon im Freilauf auf der Weide oder auch in einer nicht zu kleinen Bahn sehen, wie gern und leicht ein Pferd galoppiert. Wenn man ein Pferd zu reiten hat, das von sich aus eher im Trab freier wird und allenfalls im Gelände oder auf einer sehr großen Bahn in den Galopp findet, ist es auch aus Sicherheitsgründen angebracht, den Galopp gut vorzubereiten.

Einen extremen Fall habe ich einmal bei einer Friesenstute erlebt: Von sich aus galoppierte sie gar nicht, auch nicht im Freilauf auf der Weide oder bei Ausritten, wurde auf entsprechende Aufforderung allenfalls im Trab freier, sprang aber nicht ein. Diese Stute hat erst piaffieren gelernt und dann aus der Piaffe heraus angaloppieren. Hier half nur Geduld und ein klares Konzept, das die Ausbildung über Monate begleitete und schließlich auch ein sauberes Angaloppieren ohne Stoßgebete („Bleib auf den Füßen, nicht wegrutschen ...") ermöglichte.

Für die ersten Galoppübungen unter dem Reiter ist es sehr nützlich, einen Helfer am Boden zu haben, der das Pferd auch schon longiert hat und dem Pferd und Reiter vertrauen. Er kann das Angaloppieren durch weiches Nachtreiben mit der Longierpeitsche unterstützen, wobei keinesfalls das Pferd in den Galopp hineingejagt werden darf.

Beim jungen Pferd gebe ich den Impuls aus dem Schenkel zunächst in Verbindung mit der Stimmhilfe,

Galopp an der Longe: Trakehner Hohenstaufen mit Richard Hinrichs

die es vom Angaloppieren an der Longe schon kennt. Die lautet entweder „Galopp" mit kurzem „A" und auffordernder Intonation. Nicht „Gaaalopp", schließlich will ich ein Einspringen im Moment der Hilfe erreichen, nicht irgendwann danach. Alternativ stimme ich die Pferde auf einen kurzen Doppelschnalzer, der für das Angaloppieren reserviert ist – kein wildes Herumschnalzen für egal was!

Wichtig ist außerdem der Ort. Wie an der Longe auch, ist es gut, die Umgebung für sich arbeiten zu lassen: Auf dem Zirkel trabend ist es günstig, das Pferd von X aus auf die Bande zu einspringen zu lassen. Hier wird die äußere Seite optisch eingebremst und erleichtert dem noch ungeübten Pferd das Einspringen in den richtigen Galopp. Reitet man ganze Bahn, ist die Ecke ein guter Platz zum Einspringen. Sollte das Pferd falsch angaloppiert sein, pariert man in aller Ruhe weich wieder durch, nicht scharf, damit das Pferd keine Angst vor der neuen Anforderung bekommt. Dann bereitet man es im Trab wieder gut vor und fordert es aus einem geordneten Sitz ruhig und bestimmt erneut zum Galopp auf. Loben nicht vergessen, wenn das Pferd richtig angaloppiert ist, und zwar kurz und

Im Freilauf balanciert das Pferd sein Gewicht in der Wendung in Außenstellung.

animierend loben, damit das Pferd nicht auf ein langgezogenes, beruhigendes „Braaaav" gleich wieder aus dem Galopp ausfällt. Sagen Sie beispielsweise „Gut so" und denken dabei „Weiter so".

Wenn man junge Pferde im Freilauf beobachtet, sieht man sie in Wendungen im Galopp meist in Außenstellung, sie balancieren ihr nach innen gelegtes Gewicht mit dem nach außen gestellten Hals aus. Entsprechend darf man vom jungen Pferd noch keine Innenstellung verlangen, sondern hilft ihm, indem man es zum Angaloppieren gut am äußeren Zügel lässt.

Die Anlehnung sollte so weich wie möglich erhalten werden, ohne dass man dem jungen Pferd schon eine bestimmte Einstellung von Kopf und Hals abverlangt, man lässt ihm den Balancierhebel Hals schön frei, damit es sich nicht eingeengt fühlt und keine Angst bekommt.

Je nachdem, wie leicht oder schwer dem jungen Pferd der Galopp unter dem Reiter fällt, gestaltet man die Anforderungen. Nach den ersten gelungenen Galoppübergängen lässt man das Pferd ganze Bahn gehen, rundet die Ecken ab und pariert möglichst weich, auch mit Unterstützung der Stimme wieder zum Trabe durch, möglichst bevor das Pferd aus dem Galopp ausfällt oder im Tempo so frei wird, dass das Durchreiten der Ecken schwierig wird.

Beim jungen Pferd kann es hilfreich sein, etwas leichter einzusitzen. Wichtig ist dabei, dass man mit dem Oberkörper schön ruhig bleibt, es ist für das Pferd viel einfacher, unter einem ruhig sitzenden Reiter zu galoppieren, der seinen Schwerpunkt nicht ständig vor und zurück verlagert.

Im dem Maße wie das Pferd kräftiger wird, kann man die Galopptour ausdehnen. Durch häufigeres Angaloppieren wird das Pferd kräftiger und geschickter. Den im Galopp entwickelten Schwung nimmt man in den Trab mit und nutzt ihn, um im Trab die Tritte größer zu reiten, nicht schneller. Wenn das Angaloppieren aus dem Trab selbstverständlich geworden ist, übt man es an verschiedenen Stellen der Bahn, nicht mehr nur auf die Bande zu oder in der Ecke, und bestimmt auch mit zunehmender Balance und Kraft des Pferdes den Rahmen mehr.

GERADERICHTEN

Bevor man in den Anforderungen weiter geht und das Pferd aus dem Schritt angaloppieren lässt, achte man besonders auf ein gut gerade gerichtetes Pferd. Fast alle Pferde haben ein schwächeres Hinterbein, mit dem sie nicht gerade unter das Gewicht treten, sondern leicht nach innen versetzt daran vorbei. Im Freilauf kann man das gut beobachten, wenn man sich in eine Ecke der langen Seite stellt und das Pferd auf sich zu oder von sich weg traben sieht.

Meist sind sie auf der Seite, zu der sie mit dem Hinterbein ausweichen, hohl.

Diese natürliche Schiefe versucht man im Laufe der Ausbildung auszugleichen, indem man die Hinterbeine so kräftigt und die hohle Seite so dehnt, dass das Pferd möglichst gerade wird und mit beiden Hinterbeinen gleichmäßig das Gewicht unterstützt.

Dazu achte man zunehmend im Schritt und im Trab darauf, dass man die Vorhand des Pferdes vor die Hinterhand bringt und ihm ein Hereinstellen des schwächeren Hinterfußes nicht gestattet. Das ist insbesondere vor jeder Wendung, also unter anderem bei dem Durchreiten jeder Ecke eine Aufgabe. Indem man die Schultern herein führt, bei guter Anlehnung am äußeren Zügel, damit es kein Hals-Herein wird, bringt man das jeweilige innere Hinterbein dazu, vermehrt unter das Gewicht zu treten, und kräftigt es. Dieses Schultervor nutzt nur, wenn es korrekt geritten wird: Hereinführen der Vorhand durch Blickwendung und Körperdrehung, das innere Hinterbein wird durch Impulse mit dem inneren Schenkel, der dazu nicht nach hinten verlegt wird, aktiviert, das Pferd tritt an den äußeren Zügel heran. Verlegt der Reiter den inneren Schenkel nach hinten und wird zu fest mit der inneren Hand, sieht man ein in sich verbogenes Pferd, das Kruppe-Heraus statt Schultervor geht: Der äußere Hinterfuß verlässt den Hufschlag nach außen, zur Bande hin. Nehmen wir als Beispiel das links hohle Pferd: Die linke Körperseite muss gedehnt werden, um es gerade zu richten. Dazu hilft Schulterherein auf der rechten Hand, auch im Travers auf der rechten Hand wird die rechte Körperseite hohl, die linke gedehnt. Travers links

Im Schulterherein rechts wird die linke Körperseite gedehnt.
Lusitanohengst Girassol mit Ruth Giffels

Im Galopp gut gerade gerichtet – von vorne sieht man nur zwei Beine.

dagegen sollte man mit einem solchen Pferd kaum üben, wozu noch die natürliche Schiefe unterstützen?

Bei fortgeschrittenen Pferden kann es helfen, auf der linken Hand Renvers zu reiten, das Pferd wird rechts gebogen und tritt mit dem linken Hinterbein unter das Gewicht.

Rechts hohle Pferde fördert man entsprechend durch Schulterherein und Travers auf der linken Hand sowie Renvers auf der rechten Hand.

Eine gute Möglichkeit um das Geraderichten und damit auch das Gleichgewicht des Pferdes zu fördern, ist das Reiten auf einer Geraden neben dem Hufschlag, sei es auf dem zweiten oder dritten Hufschlag. Hier rahmt der äußere Schenkel das Pferd noch besser ein, auf dem ersten Hufschlag hilft die Bande oder die Platzeinzäunung beim Einrahmen und damit Geraderichten. Auch wird man hierbei merken, ob man den Weg gut mit den Augen vorgeht: sieht man herunter, wird man kaum eine Gerade reiten können. Zudem machen sich Schiefen im Sitz des Reiters jetzt bemerkbar. Gerade das junge Pferd, das auf solche ungewollten Einwirkungen noch nicht abgestumpft ist, reagiert stark auf einseitige Mehrbelastung.

Das Angaloppieren soll gut gerade gerichtet erfolgen. Wenn man nicht in diesem frühen Ausbildungsstadium darauf achtet, wird man später kaum gerade nach vorne gesprungene Wechsel erwarten können. Die Qualität der Wechsel wird entscheidend durch die Qualität des Angaloppierens bestimmt. Schön gerade gerichtetes, leichtes Einspringen ist die erste Vorstufe für den fliegenden Wechsel.

Dieses Geraderichten vor dem Galopp kann wiederum mithilfe des Schultervors oder Schulterhereins erfolgen, aus dem heraus man entweder auf eine gebogene Linie abwendet und dann angaloppiert oder die Vorhand kurz vor dem Einspringen wieder gerade richtet. In jedem Fall muss man eine gute Verbindung mit dem äußeren Zügel haben oder wieder herstellen, sonst galoppiert das Pferd möglicherweise im Außengalopp an, weil im Schultervor die äußere Schulter mehr Platz hatte.

Der kurze Impuls – kein zähes Drücken – aus dem leicht zurückgelegten äußeren Schenkel veranlasst das Pferd, mit dem äußeren Hinterbein einzuspringen, der innere Schenkel bleibt ruhig liegen. Es ist hilfreich, die Schenkelhilfe von Anfang an mit einem kleinen Arrêt der äußeren Hand zu verbinden.

Dieser kleine Arrêt ist zum einen ein Achtungszeichen: „Pass auf, es kommt etwas Neues." Schon an der Longe kann man das Pferd auf ein kurzes, betontes Schließen der longenführenden Hand, zunächst natürlich in Verbindung mit der Stimmhilfe und der vortreibenden Hilfe der Longierpeitsche, angaloppieren lassen. Im Moment, wo das Pferd der Hilfe nachkommt und einspringt, öffnet man die Finger wieder und lässt so den Galopp heraus.

Galopp-Pirouette am langen Zügel: Lusitanohengst Girassol mit Richard Hinrichs

So vorbereitet, kann man das Pferd auch unter dem Sattel darauf stimmen, auf diesen Arrêt hin anzugaloppieren und so auch ohne Schenkeleinsatz eine feine Galopphilfe geben.

Diese Feinabstimmung braucht man, wenn man sein Pferd auch mit Damensattel reiten oder am langen Zügel führen will. Es ist aber auch ohne diese Besonderheiten stilistisch schöner als großräumig verlegte Schenkel. Bei einem in der Ausbildung fortgeschrittenen Pferd strebe ich an, mit möglichst feinen, mehr gedachten als sichtbaren Hilfen anzugaloppieren. Wenn Pferd und Reiter sich gut kennen, gelingt das auch oft.

ANGALOPPIEREN AUS DEM SCHRITT

Wenn man in der Ausbildung so weit gekommen ist, dass das Pferd aus dem Trab schön gerade gerichtet auf dezente Hilfen an beliebiger Stelle der Bahn auf beiden Händen einspringt, sich leicht im Galopp erhalten und weich wieder zum Trab durchparieren lässt, ist der Zeitpunkt gekommen, aus dem Schritt anzugaloppieren. Dazu reitet man erst einige Trab-Galopp-Übergänge und pariert dann aus dem Trab zum Schritt, wobei man im Übergang den Schwung aus dem Trab mitnimmt. Im Schritt erhöht man die Aufmerksamkeit des Pferdes: „Pass auf, es kommt etwas Neues!" und gibt dann die Galopphilfen (kleiner Arrêt am äußeren Zügel, kurzer Impuls mit dem äußeren Schenkel) konzentriert, eventuell beim ersten Mal begleitet von der Stimmhilfe. Springt das Pferd sauber aus dem Schritt ein, lobt man und galoppiert ruhig weiter. Wichtig bei diesem Übergang ist, dass man keine unnötige Spannung im Rücken entwickelt. Wenn der Reiter sich verspannt, stellt er das Becken fest und in der Folge kann er nicht mehr weich in die Galoppbewegung des Pferdes eingehen. Stört er durch ein unruhiges, klapperndes Gesäß, wird auch das Pferd nicht ruhig und weich weiter galoppieren können. („Das einzige was klappte, war das Gesäß im Sattel.")

Nach dem ersten Angaloppieren aus dem Schritt pariert man zum Trab durch, dann zum Schritt, lobt und macht eine Schrittpause am langen Zügel, um dem Pferd deutlich zu zeigen, dass man mit ihm zufrieden ist. Dann wiederholt man die Übung nach entsprechender Vorbereitung auf der anderen Hand. Fällt dem Pferd das Angaloppieren aus dem Schritt auf einer Hand sehr schwer, sichert man es zunächst auf der angenehmeren Hand ab.

Lob nach gelungener Übung: Schrittpause am langen
Zügel. Lusitanohengst Oasis mit Ruth Giffels

TEMPOUNTERSCHIEDE IM GALOPP

Die Versammlungsfähigkeit des Pferdes fördert man in der Folge durch das Reiten von Tempounterschieden im Galopp. Anfangs fordert man das Pferd an der langen Seite zu einigen größeren Sprüngen auf, um es deutlich vor der Ecke wieder zu einem ruhigeren Arbeitsgalopp zurück zu führen. Die Hilfen für diese größeren, weiteren Sprünge richten sich danach, wie man insgesamt das Pferd auf Hilfen stimmt. Die Position des Oberkörpers und der Schenkel können treibende Funktion haben, wenn man das Pferd immer, also auch im Trab schon so geritten hat. Eine leichte Verlagerung des Oberkörpers nach hinten, der eine ganz leichte Verlegung der Schenkel nach vorne folgt, kann für das Pferd zum Zeichen für das Zulegen im Trab und Galopp werden.

Das System dieser Hilfengebung sieht in Kurzform so aus: Oberkörper in der Senkrechten, Schenkel in der Lot-Linie Schulter, Hüfte, Absatz: Das Pferd bleibt im Tempo; Oberkörper ganz leicht vorgenommen, Schenkel leicht zurück: Das Pferd nimmt sich auf, versammelt sich, wird kürzer; Oberkörper leicht zurück, Schenkel leicht nach vorne: Das Pferd wird freier, größer in den Tritten oder Sprüngen. So kann man das Pferd auf Gewichtshilfen stimmen, die keiner zusätzlichen Interpretation durch die Zügelhände bedürfen. Das funktioniert nur, wenn man in diesem System konsequent bleibt. Sitzt man zum Beispiel einmal vermehrt ein und verlagert den Oberkörper leicht nach hinten, wenn das Pferd die Tritte oder Sprünge verlängern soll, und ein andermal, wenn es sich aus dem Trab oder gar Galopp zum Schritt oder zum Halten aufnehmen soll, braucht man deutliche Zügelhilfen, denn die Gewichtshilfe ist ja nicht eindeutig. Will man dahin kommen, dass die Zügelhilfen wirklich nur den Rahmen des Pferdes vorgeben und die Stellung und Biegung unterstützen, nicht aber die Gangentfaltung mal zulassen, mal zurückhalten, muss man in seiner Hilfengebung mit Schenkeln und Gewicht konsequent sein.

Auch auf andere Systeme der Hilfengebung kann man Pferde stimmen und erfolgreich ausbilden, wenn sie in sich schlüssig angewandt werden. Hier wird das oben beschriebene zugrunde gelegt.

Als Dank für die freiwillige Selbstkontrolle erhält man ein Pferd, das sehr viel zufriedener mitarbeitet als eines, das ständig mit sich gegenseitig aufhebenden treibenden und verhaltenden Hilfen traktiert wird. Die angestrebte

Zulegen im Galopp. Friesenhengst Nardo mit Richard Hinrichs

Harmonie, das „Einswerden" mit dem Pferd, wird so möglich, wenn man die Intelligenz dieses Partners nicht unterschätzt und es zur Mitarbeit, zum Mitdenken erzieht. Wenn man es erreicht, dem Pferd dieses System der Hilfen verständlich zu machen, gelangt man zu einem Reiten, bei dem man die Hilfen minimieren, für Momente auch aussetzen kann, das Pferd trägt sich selbst. Solche Momente sind es, die das Glücksgefühl beim Reiten ausmachen und die Vorstellungen ermöglichen, bei denen der Betrachter den Eindruck gewinnt, das Pferd gehe wie von selbst, freudig den Impulsen des Reiters nachkommend. Dieses Aussetzen der Hilfen hat Colonel Durand so beschrieben: „...dem Pferd Freiheit auf Ehrenwort zu geben (Aussetzen der Zügelhilfe), nachdem es gleichgewichtet worden ist (Schulter herein)." (Colonel Pierre Durand: „Die Prinzipien französischer Reitkunst", 1984. In: F. R. de la Guérinière: „Reitkunst oder gründliche Anweisung", Hildesheim: Olms, 1989. S. 9) Colonel Durand charakterisiert dieses Aussetzen der Hilfen als Kennzeichen der französischen Reitweise; ich wünsche dieser Idee eine weite Verbreitung in der großen weiten reiterlichen Welt!

Zurück zu den Tempounterschieden im Galopp: Man beginnt, wie gesagt, mit einigen größeren Sprüngen an der langen Seite, nimmt das Pferd vor der Ecke wieder

Das Pferd trägt sich selbst, die Verbindung ist leicht. Lusitanohengst Fadista mit Ruth Giffels

weich zurück und verlangt diese Übung auf beiden Händen. Dabei sollte man von Anfang an darauf achten, dass die Sprünge weiter werden, nicht schneller. Auch das Geraderichten ist weiterhin ein Thema, setzt man den äußeren Schenkel zu stark ein, wird das Pferd mit der Hinterhand nach innen ausweichen. Der Sitz soll ruhig und geschmeidig bleiben, die Reiterschultern ruhig, die Anlehnung weich erhalten bleiben – kein springender Zügel, wobei eine Rahmenerweiterung, also auch eine Verlängerung des Halses, naturgemäß zu diesen weiteren Sprüngen gehört.

Wichtig ist, dass man das Wieder-Verkürzen der Sprünge betont. Oft sieht man Reiter, die für die Verstärkung stark treiben, danach ist die Luft raus und der Übergang zum kürzeren Galopp gelingt schlecht, eventuell fällt das Pferd sogar in den Trab aus. Geschickter ist es, das Pferd so vorzubereiten, dass die weiteren Galoppsprünge ihm leicht fallen, indem man die Grundspannung zum Beispiel durch Trab-Galopp-Übergänge erhöht, das Pferd daraus nur ein paar Sprünge zulegen lässt, um das anschließende Verkürzen zu betonen. Viele kleine Übergänge kräftigen das Pferd besser als ein Zulegen bis zum Maximum.

!

Bei Pferden, die beim Zulegen heftig werden, teilt man sich die Bahn geschickt ein, lässt sie auf eine kurze Seite zu die Sprünge verlängern, um die optische Bremswirkung der Bande für das Verkürzen zu nutzen. Man kann auch aus der ersten Ecke der langen Seite beginnen und dann auf eine große gebogene Linie abwenden, Mittelzirkel reiten, dort zum Trab parieren und unmittelbar im Anschluss Schultervor verlangen. So stellt man dem Pferd und sich gleich eine neue Aufgabe, auf die sich die Konzentration richtet, und kommt weg von einem ziehenden Zurückführen mithilfe des Zügels.

Mit zunehmender Übung verlangt man das Zulegen und Verkürzen auch an anderen Stellen der Bahn, auf dem Zirkel, an der kurzen Seite, auf der Diagonalen, wo man vor Erreichen der Bande zum Trab übergeht. Nach und nach dehnt man die Zahl der Sprünge aus, wechselt in seinen Anforderungen aber immer wieder ab, um das Pferd nicht zu mechanisieren. Es soll aufmerksam bleiben und die Hilfen beachten, nicht nach Beginn des Zulegens „automatisch" eine lange Seite absolvieren.

Wenn diese Tempounterschiede im Galopp gut zu reiten sind, wird das Pferd kräftig genug sein, um auch den Übergang vom Galopp zum Schritt sauber auszuführen.

PARADE ZUM SCHRITT

Der Übergang vom Galopp zurück zum Schritt erfordert bereits eine gewisse Versammlungsfähigkeit des Pferdes, das vor der Parade und im Übergang leicht in der Hand bleiben soll. Bei diesem Übergang ist es noch wichtiger, dass der Reiter locker im Rücken bleibt und bei stabilem Oberkörper weich in die Bewegung des Pferdes eingeht, das seines und das Reitergewicht auffangen soll, ohne auf die Vorhand zu kommen.

Bevor man mit Paraden vom Galopp zum Schritt beginnt, sollen die Übergänge vom Trab zum Schritt und vom Galopp zum Trab gut und auf leichte Hilfen gelingen. Diese Hilfen sind ein ganz leichtes Zurücklegen der Schenkel – das Pferd nimmt sich auf, das bewusste Ausatmen – dadurch lässt die Körperspannung nach und das weiche Schließen der Hände. Anfangs kann man die Stimme zur Hilfe nehmen, die dem Pferd vom Longieren schon vertraut ist.

Das Pferd soll im Übergang vorne nicht kleiner werden, sondern seine Silhouette erhalten. Dazu versammelt man es im Galopp schon vor der Parade zum Schritt, aktiviert nötigenfalls noch einmal die Hinterbeine, die im Moment des Übergangs unter das Gewicht fußen sollen, vorher also nicht matt sein dürfen, und überprüft durch einseitiges weiches Schließen der Hand die Durchlässigkeit, richtet wenn nötig durch einen kleinen Arrêt das Pferd noch einmal auf. Ein weiches Parieren, das im Moment, wo man spürt, dass das Pferd der Parade Folge leistet und sich aufnimmt, schon wieder aufhört, und der Gedanke: „Bleib locker, bleib groß vor mir, tritt hinten weiter unter" gehören zu den Hilfen.

Auch hier ist es hilfreich, den Ort der ersten Übergänge vom Galopp zum Schritt bewusst zu wählen und die optische Bremswirkung der Bande zu nutzen, also auf die Bande zu parieren oder in die Ecke hineinreitend, nicht aus der Ecke heraus, wenn die lange Seite wieder zum Vorwärtsgehen einlädt. Nicht vergessen, dem Pferd zu zeigen, wenn es gut gearbeitet hat: loben, in Worten, durch ein Streicheln am Hals und auch durch eine Schrittpause am langen Zügel. Die Zügel gibt man erst hin oder lässt sie aus der Hand kauen, wenn der Übergang zum Schritt gut war und das Pferd ruhigen klaren Schritt am Zügel geht.

EINFACHE WECHSEL

Sie bestehen aus einer Kombination des Übergangs vom Galopp zum Schritt und erneutem Angaloppieren nach drei bis fünf Schritten, in Prüfungen ab Klasse A gefordert. Die Bedeutung der prompten und weichen Übergänge als Vorstufe für den fliegenden Wechsel ist sehr groß, und zwar beider Übergänge. Je nach Temperament des Pferdes wird der eine oder der andere schwerer fallen und sollte entsprechend ausgearbeitet werden. Heftigen Pferden oder solchen, die von Natur aus nicht gut im Gleichgewicht sind, sondern leicht auf die Vorhand kommen, wird der weiche Übergang in den Schritt mehr Mühe bereiten. Eher phlegmatische, deren Aktivität der Hinterbeine nicht ausgeprägt ist, werden sich schwerer tun, prompt einzuspringen.

TURNIERANFORDERUNGEN BIS ZUR KLASSE A

Als Einstieg in den Turniersport sind verschiedene Reiter-Wettbewerbe gedacht, in denen Sitz, Hilfengebung, Gefühl und Einwirkung vorrangig bewertet werden.

Dazu gehören der Führzügel-Wettbewerb für die jüngsten Reiter, der Longenreiter-Wettbewerb, in dem der Reiter ohne Zügel im Schritt, Trab und Galopp longiert wird und dabei verschiedene Übungen, wie Leichttraben, Angaloppieren, Armkreisen, Ballfangen auf Aufforderung der Richter zeigt. (Gute Idee, wird das auch mal ausgeschrieben?)

Im Reiter-Wettbewerb werden Sitz und korrekte Ansätze zur gefühlvollen Hilfengebung im Grundsitz wie auch im leichten Sitz bewertet. Dabei soll auch das Reiten ohne Bügel überprüft werden, je nach Ausschreibung kann zudem das Springen kleiner Hindernisse gefordert werden.

Weiterhin gibt es noch spezielle Dressur- und Springreiter-Wettbewerbe, in denen entsprechend den Anforderungen der Klasse E nach Weisung der Richter geritten und gesprungen wird. Auch hier werden Sitz und Einwirkung des Reiters bewertet.

In allen diesen Wettbewerben sind Hilfszügel erlaubt, als da in § 70 der LPO aufgezählt werden: gleitendes Ringmartingal, beidseitige feste Ausbindezügel, doppelte Ausbinde(Lauffer-)zügel, Dreieckszügel, Stoßzügel. Die reiterliche Einwirkung muss also noch nicht so weit gediehen sein, dass der Reiter den Rahmen des Pferdes aktiv bestimmen kann.

In der Klasse E wird ausschließlich Arbeitsgalopp verlangt, mit Übergängen aus dem Trab und in den Trab, auf großen Linien, Zirkel und ganze Bahn. „Der Arbeitsgalopp ist geregelt, fleißig und schwungvoll." (Hoffentlich.) („Aufgabenheft Reiten" Ausgabe 2000, S. 9)

In den Aufgabenvorschlägen für Reitpferde- und Reitponyprüfungen, bei denen die Qualität der Grundgangarten und des Körperbaus der jungen Reitpferde und Ponys beurteilt wird, verlangt man bereits von Dreijährigen „Galoppsprünge verlängern" an den langen Seiten, eine Vorstufe zum Mittelgalopp.

Bei Vierjährigen will man außerdem Zügel-aus-der-Hand-kauen-Lassen und wieder aufnehmen auf dem Mittelzirkel sehen, eine schöne Prüfung für Takt und Losgelassenheit im Galopp.

Ab Klasse A wird der Mittelgalopp an einer langen Seite gefordert, „Im Mittelgalopp werden raumgreifen-

Zügel-aus-der-Hand-kauen-Lassen im Galopp.
Andalusierhengst Ureo mit Ruth Giffels

dere Sprünge mit entsprechender Rahmenerweiterung verlangt." (a.a.O., S. 9) Auch Übergänge vom Schritt zum Galopp und zurück, auch als „einfacher Wechsel" sind schon enthalten, sowie das Überstreichen im Arbeitsgalopp mit beiden Händen entlang des Mähnenkammes. Dabei soll das Pferd gut im Takt bleiben, „die Selbsthaltung des Pferdes bleibt erhalten, wobei die Stirn-Nasenlinie etwas deutlicher vor die Senkrechte kommen darf." (a.a.O., S. 10)

Wenn man sich in der Reihenfolge der Ausbildung an den Anforderungen der Turnierklassen orientiert, folgen in der Klasse A der einfache Wechsel und in Klasse L der Kontergalopp und der versammelte Galopp.

Der einfache Galoppwechsel verlangt in kurzer Folge nacheinander einen sauberen Übergang zum Schritt und ein erneutes Angaloppieren auf der neuen Hand. Für einen guten Übergang Galopp – Schritt muss das Pferd sich im Galopp schon versammeln können, wie weiter oben bereits erwähnt. Man kann also sagen, dass es in Teilen schon Anforderungen der Klasse L beherrschen sollte.

„Beim einfachen Galoppwechsel muss der Übergang zum Schritt unmittelbar, geschmeidig und durchlässig sein. Nach 3 bis 5 Schritten wird entschlossen wieder angaloppiert. Wird der einfache Galoppwechsel an einem vorgeschriebenen Bahnpunkt verlangt, sind die jeweiligen Übergänge vor bzw. nach diesem Punkt." (a.a.O., S.10) In der A-Dressur (Aufgabe A 6/1) wird der einfache Wechsel auf der Diagonalen verlangt, vor Erreichen des Hufschlags pariert man zum Schritt, um nach drei bis fünf Schritten in die Ecke hinein neu anzugaloppieren.

DER AUSSENGALOPP

Der Außengalopp, auch Kontergalopp genannt, fördert das Gleichgewicht, die Versammlungsfähigkeit und das Geraderichten. Für Pferde, die auf feine Hilfen leicht in den Galopp einspringen, stellt er meist keine Schwierigkeit dar. Man kann ihn auf verschiedene Weisen entwickeln:

- durch einen Handwechsel im Galopp
- durch Angaloppieren links auf der rechten Hand oder Angaloppieren rechts auf der linken Hand.

Wenn man im Galopp bleibend die Hand wechselt, wählt man zunächst eine Linienführung, bei der die erste Wendung im Außengalopp möglichst groß geritten werden kann. Man kann zum Beispiel durch die halbe Bahn wechseln, im selben Galopp bleibend die erste Ecke der kurzen Seite durchreiten, weich zum Trab parieren und loben. Hat das Pferd diese erste Ecke mühelos passiert, bleibt ruhig und gelassen im Takt, kann man auch die zweite Ecke der kurzen Seite im Kontergalopp durchreiten, erneut auf die Diagonale gehen und aus dem Innengalopp weich durchparieren.

Wichtig ist, dass man die Ecken gut abrundet und dem Pferd nicht zu viel Stellung gibt.

Oft machen Reiter ihren Pferden den Kontergalopp unnötig schwer, indem sie die Pferde stark seitlich stellen, in der Idee, so den jeweiligen Galopp zu erhalten. Das Gegenteil ist der Fall: Die jeweilige äußere – im Kontergalopp also bahninnere – Pferdeschulter muss gut eingerahmt werden, der Reiter weiter in die Bewegungsrichtung gucken, um den Fluss der Bewegung zu erhalten.

Galoppieren Sie in Gedanken einmal auf der linken Hand: Ihr Pferd springt fleißig und gleichmäßig, leicht in der Hand. Sie wechseln durch die halbe Bahn, bleiben ruhig sitzen, rahmen das Pferd gut mit dem rechten Zügel und dem rechten Schenkel ein, der ruhig liegen bleibt, gucken vor der Ecke schon zur Mitte der kurzen Seite, runden die Ecke weich ab, parieren zum Trab und loben.

Auch aus dem Zirkel wechseln, eine Zirkelrunde im Kontergalopp, und erneutes aus dem Zirkel wechseln ist eine weiche Linienführung, auch hier gilt es, ruhig sitzen zu bleiben und die Linie entlang zu gucken. Sollte das Pferd aus dem Kontergalopp ausfallen oder ungewollt umspringen, bleibt man ruhig, nicht strafen – der Kontergalopp soll nicht mit Stress verbunden sein! – bereitet das Pferd im Schritt oder Trab erneut vor und lässt es wieder in den Kontergalopp einspringen.

Wenn man das Pferd direkt in den Kontergalopp einspringen lässt, beginnt man am Anfang einer langen Seite auf dem zweiten Hufschlag, sodass das Pferd optisch viel Platz vor sich hat. Hierbei wird oft der Fehler gemacht, das Pferd mit dem Kopf zur Bande beispielsweise zum Hufschlag hin zu stellen, während die Hinterhand in der Bahn bleibt, so als wolle man dem äußeren Schenkel weichen lassen oder Konter-Schulterherein reiten. Damit macht man dem Pferd das Einspringen in den Kontergalopp nahezu unmöglich, die bahninnere Schulter bleibt frei und das Pferd wird entsprechend innen angaloppieren.

Man erleichtert dem Pferd das Verständnis, indem man es zu Beginn ganz leicht renversartig stellt, also die Hinterhand leicht zur Bande und das ganze Pferd um den bahnäußeren Schenkel leicht gebogen, so wird die galopp-innere, also bahn-äußere Schulter frei und die Hinterhand steht auf der richtigen Seite. Zur Einleitung dieser Stellung kann man auch eine einfache Schlangenlinie mit ganz flachem Bogen anlegen, wobei man das Pferd nur ganz leicht nach außen stellt und nach dem Anspringen im Kontergalopp möglichst vor Erreichen der nächsten Ecke wieder weich durchpariert. Mit zunehmender Gewöhnung an das Einspringen im Kontergalopp verzichtet man auf diese Hilfe und galoppiert gerade an.

So erschwert man dem Pferd das Anspringen im Außengalopp. Lusitanohengst Girassol mit Ruth Giffels

Im Kontergalopp muss man seinen Sitz ruhig erhalten, um das Pferd nicht zu irritieren, besonders der äußere Schenkel, im Linksgalopp auf der rechten Hand also der rechte Schenkel, darf nicht wandern, klappern oder wackeln, diese ungewollten Impulse könnten das Pferd zum Wechseln veranlassen. Auch die Schultern sollen von hinten oder vorne betrachtet auf einer Höhe bleiben, seitlich betrachtet kann die bahninnere beziehungsweise galoppäußere Schulter leicht zurück genommen werden, parallel zu den Pferdeschultern.

In der Abfolge der Turnieranforderungen kommt der Kontergalopp ab Klasse L vor den fliegenden Wechseln, die ab Klasse M gefragt sind. Nach meiner Erfahrung ist es sinnvoll, den fliegenden Wechsel zeitnah zum Kontergalopp auszubilden, wenn nicht besondere Schwierigkeiten des Pferdes dagegen sprechen. Pferde, die hinten sehr lose sind, das heißt die öfter von sich aus mit den Hinterbeinen hin und her springen, werden zunächst im Kontergalopp stabilisiert. Pferde mit ausgeprägter Schiefe kann man fördern, indem man sie im Kontergalopp an der Bande reitet, ein links hohles Pferd also auf der rechten Hand links auf dem Hufschlag galoppieren lässt – die Bande hilft hier beim Geraderichten, das Pferd wird von sich aus vermeiden, gegen die Bande zu treten. Heftige Pferde kann man in längeren Reprisen im Kontergalopp beruhigen.

Kontergalopp auf dem Hufschlag hilft, das Pferd gerade zu richten.
Lusitanohengst Fadista mit Ruth Giffels

Außengalopp auf dem Zirkel.
Lusitanohengst Girassol mit Ruth Giffels

Ansonsten ist es nicht sinnvoll, die natürliche Neigung des Pferdes zu wechseln, über lange Zeit zu unterbinden, um es im Kontergalopp sicher zu machen – und dann, nachdem man ihm den Wechsel sozusagen ausgetrieben hat, eben diesen zu verlangen. Manche jungen Pferde bieten den fliegenden Wechsel von selber an, wenn sie ein paar Mal an der selben Stelle der Bahn durchpariert und auf der neuen Hand erneut angaloppiert wurden. So ging es mir mit meinem Lusitanohengst Oasis: Ich ließ ihn durch die ganze Bahn wechseln, parierte vor Erreichen der Bande zum Trab und ließ ihn an der Bande neu angaloppieren. Nachdem er diese Übung ein paar Mal ausgeführt hatte, bot er den fliegenden Wechsel vor Erreichen der Bande von selber an, und ich ließ ihn in

der Folge dann auch gezielt auf Hilfen hin umspringen. Er war erst fünf Jahre alt, lernte aber so leicht, dass ich das Angebot annahm. Kontergalopp lernte er parallel dazu, hin und wieder kam es zu einem ungewollten Wechsel, wenn ich im Sitz nicht ganz ruhig blieb oder die Schenkel nicht ruhig anliegen ließ, sondern ihn durch Öffnen des Schenkels sozusagen zum Wechsel einlud. Saß ich korrekt und konzentrierte mich auf das Gewollte, war es für ihn keine Schwierigkeit, Kontergalopp und fliegende Wechsel auseinander zu halten. Er lernte weiterhin so willig, dass er siebenjährig sicher Vierer-, Dreier- und Zweierwechsel sprang und die ersten Einerwechsel machte. In diesem Tempo und mit dieser Leichtigkeit lernt nicht jedes Pferd. Animiert durch Oasis forderte ich auch mein anderes junges Pferd recht früh zum fliegenden Wechsel auf. Pintor verstand auch sofort, betonte in der Folge aber das Fliegen beim Wechsel, anders gesagt: Er wurde im Tempo sehr frei und machte den Wechsel nicht auf Hilfen, sondern irgendwo und irgendwie.

Mit ihm stellte ich die Lektion zurück und begann erst wieder, als er sich an jeder Stelle der Bahn ruhig angaloppieren ließ, wahlweise im Innen- oder Außengalopp.

Bei der Ausbildung des Kontergalopps kann es sich ergeben, dass das Pferd beim Durchreiten der Ecken von sich aus umspringt, sei es ganz oder nur mit dem Hinter- oder Vorderbein. Damit zeigt es, dass der Kontergalopp vergleichsweise anstrengend ist, im Freilauf würde es den Galopp wechseln. Dieses Verhalten kann man sich für die Ausbildung der fliegenden Wechsel zunutze machen. Auf keinen Fall sollte man das Pferd strafen, sondern es erneut konzentrieren, gegebenenfalls den Sitz optimieren – meist hat der Reiter den Schenkel nicht ganz ruhig liegen lassen oder durch einen ungewollten Arrêt das Pferd zum Wechsel veranlasst – und die Übung wiederholen, nach gelungener Ausführung loben.

Hat das Pferd den fliegenden Wechsel gelernt, sind der Phantasie zur Gestaltung von abwechslungsreichen Aufgaben im Kontergalopp keine Grenzen gesetzt; ein paar Möglichkeiten zähle ich hier auf:

- Kontergalopp auf dem Zirkel, eventuell bei X eine Volte nach außen im Innengalopp und zurück auf den Zirkel.
- Kontergalopp auf dem Mittelzirkel; hier kann man Volten nach außen an den offenen Zirkelseiten einfügen, wenn man merkt, dass dem Pferd das Durchhalten des Kontergalopps schwer wird.
- In Schlangenlinien von der langen Seite zur langen Seite, zunächst mit – je nach Bahngröße – drei oder vier Bögen, damit die Wendungen nicht zu eng werden. Diese Bögen kann man mal mit und mal ohne fliegende Wechsel reiten, das erhöht die Aufmerksamkeit und Lektionssicherheit des Pferdes. Wenn man die Schlangenlinien im Kontergalopp durchhalten will, kann es hilfreich sein, beim Überreiten der Mittellinie eine Volte im Innengalopp einzufügen, so kann man das Pferd für die folgende Wendung im Kontergalopp gut versammeln.
- Im Kontergalopp durch die Länge der Bahn geritten oder wechseln.
- Kontergalopp auf dem zweiten oder dritten Hufschlag – hiermit kann man gut überprüfen, ob das Pferd wirklich gerade gerichtet ist.

Tempounterschiede im Kontergalopp erhöhen weiterhin die Reaktionsfreude, die einem auch für saubere fliegende Wechsel nutzt.

TURNIERANFORDERUNGEN DER KLASSE L

In der Klasse L wird der Außengalopp auf verschiedenen Linien gefordert, grundsätzlich im versammelten Tempo: Ohne Galoppwechsel aus dem Zirkel oder durch die halbe Bahn wechseln mit anschließendem Durchreiten der Ecken im Außengalopp und einfachem Wechsel. Aus der Ecke kehrt oder Kehrtvolte ohne Wechsel, einfacher Galoppwechsel Mitte der kurzen Seite, Übergänge vom versammelten zum Mittelgalopp und zurück sind weitere neue Aufgaben. Das prompte, gerade gerichtete Angaloppieren wird auch aus dem Rückwärtsrichten verlangt. Einfache Wechsel an verschiedenen Stellen der Bahn: Beim Durchreiten der Mittellinie auf Schlangenlinien durch die Bahn; auf der Mittellinie bei X – hier sieht man besonders gut, ob das Pferd gerade gerichtet ist. Die Aufgaben L 8 und L 9 werden auf einem 20 mal 60 Meter großen Viereck geritten, hier wird der Außengalopp auch schon auf einem halben Zirkel gefordert. Vermehrte Versammlung erfordert das Halten aus dem versammelten Galopp bei X.

FLIEGENDE WECHSEL

Was sind fliegende Wechsel? Völlig natürliche Bewegungen, die schon Fohlen auf der Weide zeigen: Das Pferd wechselt vom Rechts- zum Linksgalopp oder umgekehrt, indem es nach der Schwebephase in den neuen Galopp einspringt.

„Der fliegende Wechsel ist das Angaloppieren aus dem Galopp" (N. Oliveira)

Was geschieht beim fliegenden Wechsel? In der Schwebephase wechselt das Pferd den Galopp, indem das bisherige innere Hinterbein zum neuen äußeren wird und in den neuen Galopp einspringt.

Durchgesprungen – kurz „durch" – ist ein Wechsel, wenn das Pferd nach der Schwebephase komplett, das heißt mit allen vier Beinen, den neuen Galopp springt. Wenn es hingegen nur vorne oder nur hinten umgesprungen ist, geht es Kreuzgalopp, das fühlt sich für den Reiter sehr unangenehm an. Fehlerhaft sind auch nachgesprungene Wechsel – kurz „nach", wenn das Pferd den Galoppwechsel nicht auf einmal vollzieht, sondern zunächst nur hinten oder nur vorne umspringt, um nach einem oder mehreren Galoppsprüngen ganz in den neuen Galopp zu wechseln. Mehr dazu im Kapitel „Nachgesprungene Wechsel".

Voraussetzungen

Wann sind Pferd und Reiter so weit, die ersten fliegenden Wechsel – im Folgenden spreche ich der Einfachheit halber nur noch von Wechseln – auszuführen ?

Bevor ich auf die Ausbildung des Pferdes weiter eingehe, vorab ein Rat an die Reiter: Wenn Sie selber noch keine Wechsel geritten haben, suchen Sie sich eine Möglichkeit, das Gefühl für die Wechsel auf einem erfahrenen, lektionssicheren Pferd zu erspüren. Dieses Gefühl wird Sie dazu bringen, Ihr eigenes Pferd optimal vorzubereiten, sodass der Wechsel sich wie von selbst ergibt. Der Wechsel ist nämlich ein normaler Galoppsprung und fühlt sich, wenn er gut ist, auch so an! Wenn Sie dieses Gefühl verinnerlicht haben, werden Sie mit weitaus feineren Hilfen reiten, als wenn der Wechsel für Sie noch eine große Unbekannte ist.

Ich hatte das Glück, das Pferd meiner Eltern, den Hannoveraner-Wallach Keno, als Lehrmeister zu haben. Keno war auf Turnieren in Dressurprüfungen der Klasse M sehr erfolgreich, keineswegs leicht im Typ, seine Mutter war Ostfriesin. Er sprang sauber einzelne fliegende Wechsel und ich konnte sie von ihm lernen. Er

Hannoveraner-Wallach Keno im Alter von 29 Jahren
mit Ruth Giffels

hat übrigens im Alter von 19 Jahren noch piaffieren gelernt und war das erste Pferd, mit dem ich Serienwechsel erarbeitete, als ich ihn erbte; er war 16, ich 19 Jahre jung. Er machte sehr schön gerade vor gesprungene Serienwechsel bis zu zwei Tempi, ein paar Einerwechsel lernte er auch, wurde darin aber mit über 20 Jahren nicht mehr weiter gefordert. Seine großen, runden Galoppsprünge, die er mit der Regelmäßigkeit eines Uhrwerks machte, sind mir unvergesslich. Er wurde fast 33 Jahre alt und ich konnte ihn bis zu seinem 32. Lebensjahr reiten.

Wann ist nun das Pferd so weit, dass man es zum fliegenden Wechsel auffordert? Wenn das Pferd an jeder Stelle der Bahn wahlweise innen oder außen anzugaloppieren ist, im Galopp, auch im Kontergalopp, das Tempo variiert werden kann und die Paraden zum Schritt weich und prompt gelingen. Wenn das Pferd bei häufigen Übergängen zwischen Innen- und Kontergalopp ruhig und versammelt bleibt, rund im Galopp, leicht in der Hand.

Wichtig ist weiterhin, dass der Reiter die Position der Hinterhand des Pferdes genau bestimmen kann. Ein Pferd, das dabei Schwierigkeiten macht, wird für die Wechsel kaum optimal einzustellen sein. Schulterherein, Renvers und Travers abwechselnd, im Schritt und im Trab, sind dafür gute Vorübungen.

Schulterherein

Travers links

Die Position der Hinterhand des Pferdes wird genau bestimmt, der Wechsel zwischen diesen Übungen macht das Pferd geschickt

Travers rechts
Kladruberhengst Generalissimus Errata mit Claudia Witting

Schulterherein im Übergang zum Renvers
Lusitanohengst Girassol mit Ruth Giffels

Galopp-Phasen beim fliegenden Wechsel von rechts nach links

Phase 6: Schwebephase – jetzt wechselt das Pferd den Galopp. Das linke Hinterbein bleibt zurück, das rechte Hinterbein springt in den Linksgalopp ein.

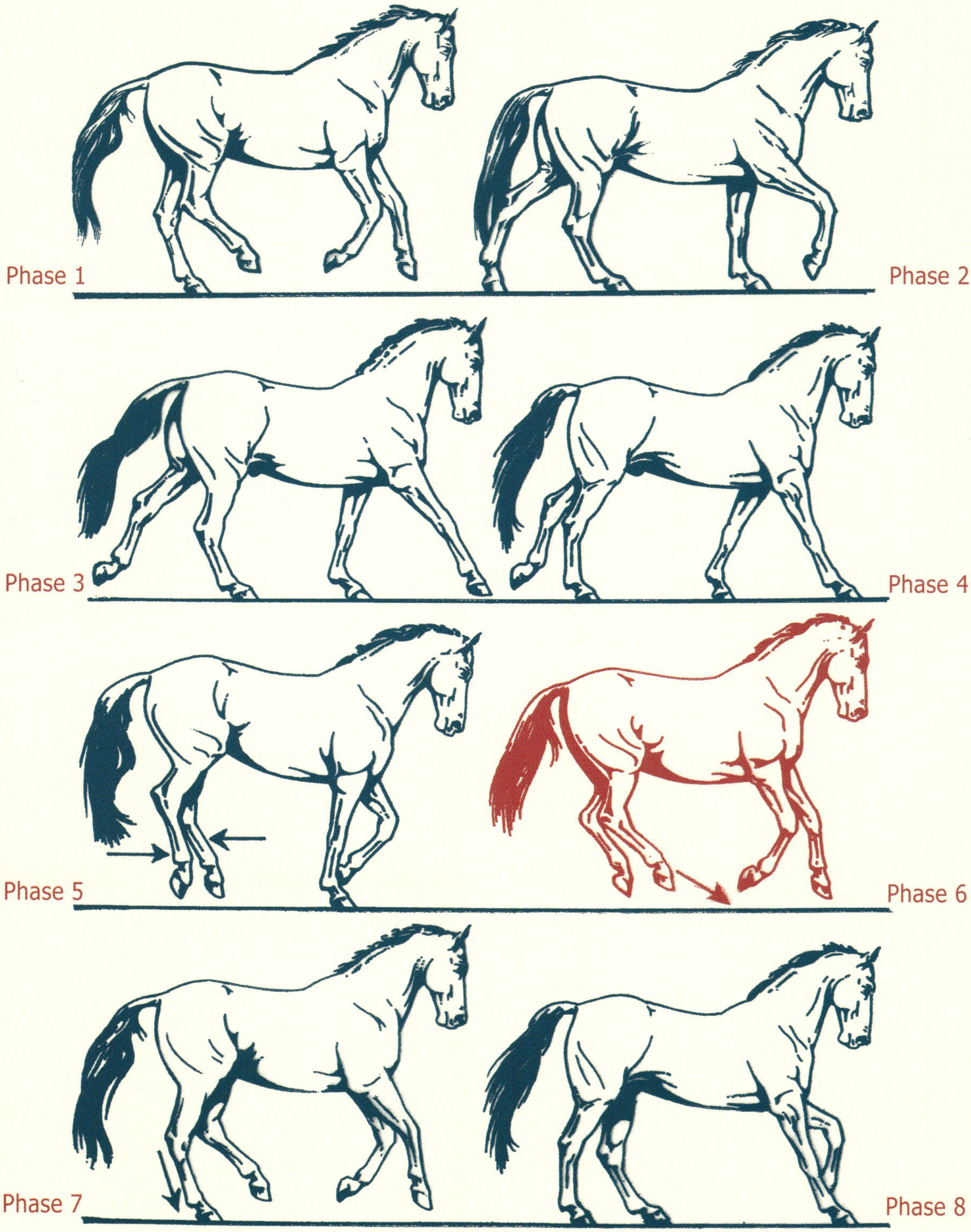

Hilfengebung und Übungen

Die Hilfengebung für den Wechsel ist dieselbe wie zum Angaloppieren, nur dass sie jetzt aus dem Galopp heraus erfolgt: man macht das Pferd aufmerksam, gibt einen Arrêt am neuen äußeren Zügel – das ist der alte innere zusammen mit dem Galopp-Impuls mit dem neuen äußeren Schenkel. Hinzu kommt das bewusste Öffnen des alten äußeren Schenkels, der nicht vom Pferd abgespreizt wird, sondern so leicht angelegt wird, dass man das Pferd einlädt, zu dieser Seite zu wechseln. Vor dem Wechsel stand das Pferd gut am äußeren Zügel, im Wechsel öffnet man die Finger der neuen inneren Hand und lässt so den neuen Galopp heraus.

Starkes Umstellen von Kopf und Hals hat zu unterbleiben, zu viel Handhilfe führt nur zu kurzen und vielleicht auch schiefen Wechseln.

Galoppieren Sie in Gedanken einmal auf der rechten Hand – den meisten Pferden fällt der Wechsel von rechts nach links leichter –, gehen Sie auf die Diagonale, richten sich und Ihr Pferd gut gerade, deutlich vor Erreichen des Hufschlags geben Sie die Hilfe zum Angaloppieren links: der linke Schenkel macht Platz, falls er leicht verwahrend zurückgelegt war, wird er nach vorne gelegt, der Kontakt zum Pferdeleib wird ganz leicht, der rechte Schenkel gibt den Impuls für das rechte Hinterbein, zusammen mit einem kleinen Arrêt am rechten Zügel – Ihr Pferd springt links ein und Sie galoppieren in aller Ruhe weiter und loben!

In diesem Gedankenspiel habe ich die Diagonale als Ort für den Wechsel gewählt. Das ist aber nur eine von vielen verschiedenen Möglichkeiten, die fliegenden Wechsel zu reiten. Welche man für sich und sein Pferd wählt, ist eine Frage des Gefühls und der Erfahrung. Sehr routinierte Reiter, die das Gefühl für die Wechsel verinnerlicht haben, werden leicht die für das jeweilige Pferd beste Möglichkeit erspüren. Anderen rate ich dringend ab, wild herum zu probieren. Suchen Sie sich Hilfe, jemanden, der auf jeden Fall sieht, ob ein Wechsel sauber durchgesprungen ist, und der Ihnen auch Ideen vermitteln kann, wie Sie die Lektion angehen können.

Weitere Möglichkeiten für die fliegenden Wechsel sind:

• Aus dem Zirkel wechseln mit Wechsel bei X. Bei dieser Linienführung ist es besonders wichtig, dass man das Pferd vor der Aufforderung zum Wechsel gut gerade stellt. Angenommen, Sie galoppieren auf der rechten Hand auf dem Zirkel. Schon beim Verlassen des Hufschlags auf X zu müssen Sie das Pferd gerade richten und aus der Rechtsstellung entlassen. Vor dem Wechsel darf die Hinterhand keinesfalls mehr auf der alten Innenseite, das heißt rechts sein, damit erschweren Sie dem Pferd das korrekte Umspringen. Wenn das Pferd nicht sauber umgestellt wird, kommt der Reiter leicht in Versuchung, mit seinem Gewicht mitzuhelfen, und wirft das Pferd herum, indem er sein Gewicht auf die neue innere Seite wirft. Das sieht nicht nur unschön aus und ist für den Pferderücken sehr unangenehm, son-

So nicht: Die Reiterin taucht mit dem Oberkörper nach links, kommt aus dem Sattel und der rechte Schenkel wandert nach hinten-oben.

dern führt auch oft zu Fehlern beim fliegenden Wechsel – meist springt das Pferd zwar irgendwie um, aber oft nicht sauber, sondern hinten oder vorne nach.

• Auf dem Zirkel vom Innen- in den Außengalopp: Der Wechsel vom Innen- in den Außengalopp bietet die Möglichkeit, das Pferd optimal vorzubereiten, ohne dass es den Hilfen zuvor kommt. Dazu stellt man es schon nach außen, die Hinterhand leicht renversartig, legt den inneren Schenkel gut an und öffnet für den Wechsel selber den bisherigen äußeren Schenkel, begleitet vom Arrêt am alten inneren, neuen äußeren Zügel. Diese Linienführung ermöglicht eine sehr genaue Platzierung der Hinterhand, ein Nachspringen hinten wird dem Pferd fast unmöglich. Insofern ist sie auch zur Korrektur für Pferde geeignet, die zum Nachspringen hinten neigen.

• Auf dem Zirkel vom Außen- in den Innengalopp: Der Außengalopp auf dem Zirkel ist für das Pferd anstrengend, insofern wird es der Aufforderung zum Wechsel bei dieser Linienführung gerne nachkommen. Sie bietet sich also für Pferde an, die sich schwer zum Wechsel motivieren lassen. Wichtig ist dabei, dass man das Pferd im Außengalopp nicht zu stark stellt, insbesondere dass die Hinterhand nicht außen steht – damit würde dem Pferd das flüssige Umspringen erschwert. Die Hilfen für den Wechsel müssen gut zusammen gegeben werden; wenn der Reiter sie über mehrere Galoppsprünge verteilt, besteht die Gefahr, dass das Pferd nicht sauber umspringt, sondern vorne oder hinten nach. Bei dieser Linienführung muss der Reiter sich besonders gut konzentrieren. Die Gedanken vor dem Wechsel könnten so aussehen: „Kontergalopp, Kontergalopp, ... und Wechsel!" Denkt man vor dem Wechsel schon: „Gleich wechseln wir ..." – gibt man Impulse, die vom Pferd als gezielte Hilfe verstanden werden können, und es könnte vor den Hilfen wechseln. Denken und Tun gehören zusammen, und wenn man die Hilfen in Gedanken durchgehen will, tut man das besser im Schritt am langen Zügel.

• An der langen Seite vom Innen- in den Außengalopp: Dazu stellt man das Pferd an der kurzen Seite schon leicht Schultervor, durchreitet so die zweite Ecke der kurzen Seite, um es nach dem Durchreiten dieser Ecke in ein leichtes Renvers umzustellen. Generell ist dieser Wechsel vom Innen- in den Außengalopp gut geeignet für Pferde, die leicht heftig werden, im Außengalopp beruhigen sie sich leichter. Im Vergleich zu der Übung auf der Zirkellinie hat man hier mehr Freiheit nach vorne, die lange Seite lädt zum Vorwärtsgehen ein, andererseits muss man mehr auf den Punkt reiten, denn der Wechsel sollte zu Beginn der langen Seite erfolgen. Er darf auf keinen Fall in die zweite Ecke der langen Seite hereingequetscht werden, da ist jegliche Motivation, in den Außengalopp zu wechseln, dahin.

• An der langen Seite vom Außen- in den Innengalopp: Diesen Wechsel wird das Pferd gerne vor der zweiten Ecke der langen Seite ausführen, um diese im Innengalopp zu nehmen. Wenn die Galopphilfe mit dem bahnäußeren Schenkel zu stark ist, besteht die Gefahr, dass die Hinterhand zu stark nach innen kommt. Wie bei derselben Übung auf dem Zirkel auch soll die Außenstellung vor dem Wechsel ganz leicht sein, gut vor Erreichen der Ecke stellt man das Pferd um und wechselt.

• Aus der Ecke kehrt mit Wechsel bei Erreichen des Hufschlags: Bei dieser Bahnfigur steht die Hinterhand des Pferdes schon auf der richtigen Seite, das erleichtert dem Pferd, das die Wechsel lernt, das korrekte Umspringen. Durch die Wendung nimmt man dem Pferd allerdings viel Schwung, muss also darauf achten, aus der Wendung heraus wieder Schwung aufzubauen und den Wechsel schön nach vorne zu reiten.

• Halbe Traversale mit Wechsel bei Erreichen des Hufschlags: Hier gilt das oben gesagte noch mehr, wobei die Traversale korrekt mit der Vorhand voraus geritten

Fliegender Wechsel von rechts nach links. Das rechte Hinterbein springt in den Linksgalopp ein. Lusitanohengst Girassol mit Ruth Giffels

werden muss, nur dann ist die Hinterhand auf der richtigen Seite. Durch das Kreuzen in der Traversale wird der Schwung nach vorne gemindert. Diese Aufgabe bietet sich an für Pferde, die sicher im Dreitakt galoppieren und von sich aus eher zu viel Schwung entfalten.

• Traversale vom Hufschlag aus nach innen, Geraderichten und Wechsel nach außen. Das ist eine Überraschungs-Aufgabe, die sich besonders für Pferde eignet, die den Hilfen zuvor kommen und den Wechsel „nach freiem Ermessen" (Kurt Albrecht) ausführen.

• Das Wechseln über eine Stange: Wenn keine der anderen Möglichkeiten zum Erfolg führt, kann man auch das versuchen. Wichtig ist, dass man die Stange so hinlegt, dass das Pferd zum Wechsel eingeladen wird, es darf keine Platzangst bekommen, das heißt der Abstand zur Bande muss groß genug sein. Man legt die Stange schräg zur Bande auf die Diagonale, gibt die Wechselhilfe im Moment des Galoppsprungs über der Stange.

Nach meiner Erfahrung wechseln die Pferde zwar oft mithilfe der Stange, nimmt man sie weg, ist die Idee vom Wechsel jedoch auch wieder weg.

Traversale mit deutlicher Vorhand-voraus-Stellung.
Kladruber-Hengst Generalissimus Errata mit Claudia Witting

Außer der Linienführung ist es wichtig zu bedenken aus welchem Galopp heraus man den Wechsel reitet: der Galopp soll gut durchgesprungen werden, in sicherem Dreitakt. Welchen Versammlungsgrad das jeweilige Pferd braucht, kann man erspüren: Eher phlegmatischen Pferden wird der Wechsel in einem frischeren Tempo leichter fallen, fleißige Pferde können in einem ruhigeren Tempo gut umspringen lernen, und heftige Pferde wird man zunächst in einem relativ versammelten Galopp einlullen. Keinesfalls darf der fliegende Wechsel zur Angstlektion werden. Angst bei Reiter oder Pferd verhindert das Lernen. Deswegen darf der Reiter auch nicht den Druck erhöhen, wenn das Pferd nicht gleich versteht, was er will. Lieber überlegen: War die Vorbereitung optimal? Waren Sitz und Hilfengebung eindeutig? Optimieren und wenn nötig mit Hilfe von unten die Lektion ruhig erneut angehen.

Bei mir hat ein Tanzkurs die Einsicht bestärkt, dass Bewegungslernen sehr komplex ist und es keinesfalls reicht, zu wissen, wie die Schritte zum Beispiel im Jive richtig aussehen: Vom Zusehen alleine war das Gefühl leider noch nicht in meine Beine gelangt!

Zur unmittelbaren Vorbereitung für die Wechsel ist es hilfreich, die Tour schon einmal oder mehrfach mit einfachen Wechseln zu reiten. Dabei achte man besonders auf das prompte Angaloppieren im neuen Galopp. Wenn das Pferd dieses Angaloppieren an einem bestimmten Bahnpunkt schon erwartet, lässt man es aus dem Galopp neu angaloppieren – gelingt dieser erste fliegende Wechsel, lobt man ausgiebig und beendet für diesen Tag die Arbeit, gönnt seinem Pferd und sich etwas Gutes und freut sich!

Am Anfang der Lernphase ist es sinnvoll, die Wechsel jeweils an das Ende der Arbeit zu legen, um bei gelungener Ausführung sofort aufhören zu können. Ein oder zwei gelungene Wechsel reichen anfangs vollkommen. Zunächst übt man den Wechsel zu einer Seite. Meist fällt den Pferden der Wechsel in den besseren Galopp leichter, diesen sichert man erst einmal ab. Nur ganz routinierte Reiter verwirren sich und ihre Pferde nicht, wenn sie gleich zu beiden Seiten Wechsel üben. Wenn man kein außergewöhnlich pfiffiges Pferd reitet, macht man die Wechsel zunächst auch mehrere Tage hintereinander an derselben Stelle. Bietet Ihnen Ihr Pferd in dieser ersten Phase des Lernens einmal einen Wechsel vor den Hilfen an, lassen Sie es ruhig geschehen. Radieren Sie nicht durch unbedachtes Strafen den Lernerfolg aus! Reiten Sie ganz konzentriert dieselbe Übung noch einmal und achten auf einen ruhigen Sitz und Konzentration, Sie selber dürfen gedanklich auch erst an dem gewünschten Punkt wechseln, nicht vorher. Sie sollten positiv an die jeweils anstehende Aufgabe denken, zum Beispiel auf der Diagonalen von der rechten Hand kommend, „Rechtsgalopp, Rechtsgalopp ..." bis zu dem Punkt, wo Sie wechseln wollen „und ... Linksgalopp". Nach dem gelungenen Wechsel wird zwar sofort gelobt, mit der Stimme, mit Überstreichen am Hals oder Klopfen, aber ruhig weitergaloppiert, damit das Pferd sich nicht angewöhnt, ruckartig nach dem Wechsel durchzuparieren.

Fliegender Wechsel vom Links- in den Rechtsgalopp

Phase 1
Das rechte Hinterbein springt in den Links-Galopp ein; Einbeinstütze

Lusitanohengst Girassol mit Ruth Giffels

Phase 2
Das linke Hinterbein und das rechte Vorderbein setzen zeitgleich auf; Dreibeinstütze

Phase 3
Das rechte Hinterbein fußt ab, das linke Vorderbein kommt weiter vor; Zweibeinstütze

Phase 4
Das linke Vorderbein setzt auf; Dreibeinstütze

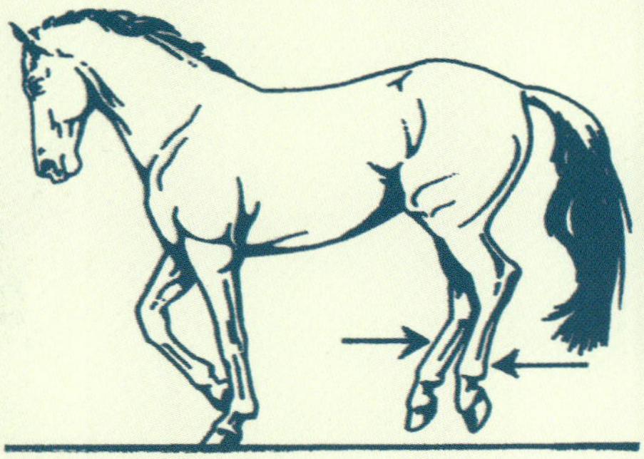

Phase 5
Das linke Hinterbein und das rechte Vorderbein fußen ab; Einbeinstütze

Phase 6
Schwebephase: Jetzt wechselt das Pferd den Galopp. Das rechte Hinterbein bleibt zurück, das linke Hinterbein springt vor

Phase 7
Das linke Hinterbein springt in den Rechts-Galopp ein; Einbeinstütze

Phase 8
Das rechte Hinterbein und das linke Vorderbein setzen zeitgleich auf; Dreibeinstütze

Durch leichteres Einsitzen entlastet man den Rücken.
Lusitanohengst Girassol mit Ruth Giffels

Können alle Pferde fliegende Wechsel lernen?

Nein, aber viele könnten die Wechsel besser lernen, wenn sie besser vorbereitet würden.

Fliegende Wechsel können auch relativ steife Pferde springen, die sich seitlich und in den Hanken nicht gut biegen können. Das Reitgefühl ist dann weniger schön.

Pferde mit sehr weichem Rücken können Probleme haben, wenn der Reiter bei den Wechseln schwer einsitzt. Besonders bei den Serienwechseln kann man solchen Pferden helfen, indem man etwas leichter einsitzt. Schwierigkeiten mit dem Erlernen der Wechsel haben Pferde, die von Natur aus einen schlechten Galopp haben. Wenn man so ein Pferd hat, das nur selten und nach guter Vorbereitung einige Galoppsprünge im Dreitakt schafft, wird man sich – jedenfalls zunächst – andere Aufgaben für dieses Pferd aussuchen. „Wo die Natur nicht will, ist die Arbeit umsonst" (Seneca). Vielleicht kommt man mit viel Geduld und durchdachtem Aufbau ja doch noch zu einer besseren Galoppade, sollte sich und sein Pferd aber nicht durch unrealistische Anforderungen unglücklich machen.

Helfer

Unverzichtbar ist der Helfer, der einem ansagt, ob der Wechsel durchgesprungen ist, ein Nachspringen über mehrere Galoppsprünge wird man spüren, ein Verzögern im selben Galoppsprung hingegen oft nicht. Ein Bahnspiegel bietet zwar die Möglichkeit der Selbstkontrolle, allerdings legt er einen meist auf bestimmte Bahnfiguren fest. Wenn erbeispielsweise an der Mitte der langen Seite angebracht ist, muss man den Wechsel über X oder eben an der Mitte der langen Seite reiten, um sich im Spiegel sehen zu können. Besser ist es, mit einem Helfer zu arbeiten, der sich so in die Bahn stellt, dass er auch wirklich sehen kann, ob der Wechsel durch ist. Wenn Sie zum Beispiel an der langen Seite vom Innen- in den Außengalopp wechseln, nutzt es nichts, wenn der Helfer in der Ecke hinter ihnen steht. Er sollte den Wechsel von der Seite sehen können. Lieber weniger üben, bevor sich Fehler unbemerkt einschleichen und festsetzen. Gefühl und Aussehen sind oft unterschiedlich. Neben einem Helfer können Video-Aufnahmen sehr nützlich sein.

Mehr fliegende Wechsel

Wenn das Pferd gelernt hat, auf Reiterhilfen zu wechseln, und darin einigermaßen sicher geworden ist, kann man anfangen, die Wechsel in die Arbeit einzufügen. Dazu gibt es viele Möglichkeiten: in dem Maße, in dem das Pferd lektionssicherer wird, verlangt man die Wechsel an unterschiedlichen Bahnpunkten in verschiedenen Übungsabläufen, vergisst aber nie das Lob nach gelungener Ausführung! Verschiedene Übungsmöglichkeiten sind weiter oben schon aufgezählt. Darüber hinaus kann man auch auf Schlangenlinien beim Überreiten der Mittellinie wechseln, durch die Länge der Bahn wechseln – eine gute Möglichkeit, um zu prüfen, ob das Pferd schön gerade galoppiert und auch so wechselt – oder durch den Zirkel wechseln. Bringen Sie Abwechslung in Ihre Arbeit, erhalten Sie sich das Pferd wach und arbeitsfreudig! Dazu gehört auch einmal ein bewusster Verzicht auf fliegende Wechsel. Das Absichern der Lektion geht einher mit der Absicherung des Kontergalopps: reiten Sie einmal eine Übung absichtlich ohne fliegenden Wechsel, ein andermal mit, so beugen Sie einer Mechanisierung des Pferdes vor. Auch Pferde sind Gewohnheitstiere: Wenn Sie immer auf der Diagonalen wechseln, wird Ihr Pferd Sie schlecht verstehen, wenn Sie eines Tages auf die Idee kommen, jetzt im Kontergalopp bleiben zu wollen.

Das Tempo, in dem Pferde lernen, ist völlig individuell. Es ist keinesfalls notwendig, jeden Tag alle Lektionen zu üben, im Gegenteil, damit verstimmt man die meisten Pferde. Finden Sie heraus, wie Ihr Pferd am besten lernt! Bei manchen Pferden kann man nach einer Pause da wieder anknüpfen, wo man bei der letzten Arbeit aufgehört hat, einige schreien förmlich nach Arbeit, andere möchten zwar jeden Tag etwas tun, aber lieber jeden Tag etwas anderes.

Ich spreche nicht gegen eine notwendige Disziplin; wenn man Pferde systematisch ausbilden will, kommt man ohne sie nicht aus. Wenn Sie Ihr Pferd zur freudigen Mitarbeit erziehen wollen, ist es wichtig, seine Motivation zu erhalten. Dazu kann auch ein Ortswechsel gut tun, Ausreiten oder auch Reiten auf dem Außenplatz, wo viele Pferde frischer gehen als in der Halle.

Ich reite liebend gerne aus, wobei ich diese Ausritte durchaus auch nutze, um dressurmäßig zu reiten. Auf langen, weichen Waldwegen kann man herrlich Tempounterschiede reiten, Schulterherein und kleine Zick-Zack-Traversalen sind gut möglich, und fliegende Wechsel ohnehin. Wobei ich bei einem Pferd, das die Wechsel noch nicht ganz sicher springt, auf eine optimale Vorbereitung achte und keinesfalls im freien Vorwärts einfach mal auf gut Glück die Wechselhilfen gebe.

Lebensfreude pur: Galopp im leichten Sitz auf der Wiese. Lusitanohengst Fadista mit Claudia Witting

Natürlich gibt es auch Tage, wo ich mich an einem starken Galopp übers Stoppelfeld freue, um am nächsten auf demselben Feld Serienwechsel zu üben. Diesen ganzen herrlichen Sommer des Jahres 2003 über bin ich kaum in der Halle geritten, der Winter mit seinen dunklen, kalten Abenden zwingt mich genug dahin.

Schwierigkeiten bei der Ausbildung und wie man sie abstellt

Nachgesprungene Wechsel

Was ist ein nachgesprungener Wechsel?

Wenn das Pferd nach der Schwebephase den Galopp nicht komplett wechselt, sondern zunächst nur vorne oder nur hinten umspringt, um einen oder mehrere Galopp-Sprünge später auch mit dem anderen Bein „nach" zu springen, bezeichnet man dies als nachgesprungenen Wechsel. Zwischendurch geht es dann Kreuzgalopp. Je nachdem, mit welchem Bein es nachspringt, spricht man von hinten oder vorne nachgesprungenen Wechseln.

Manche Pferde springen auch im selben Galoppsprung zum Beispiel hinten etwas verzögert, was der Reiter gar nicht unbedingt spürt. Oft ist der Wechsel zu einer Seite schwieriger, bei vielen Pferden ist das anfänglich der Wechsel in den Rechtsgalopp.

Hinten nachgesprungene Wechsel

Da der Wechsel von der Hinterhand ausgeht, sind hinten nachgesprungene Wechsel sehr schwerwiegende Fehler.

Was tun, wenn ein Pferd hinten nachspringt ?

Zunächst noch einmal eine klare Beschreibung: Man galoppiert zum Beispiel im Rechtsgalopp, Fußfolge: hinten links springt das Pferd vor, hinten rechts und vorne links springen gleichzeitig, vorne rechts folgt alleine, dann die Schwebephase.

Beim fliegenden Wechsel nach links springt das Pferd nach der Schwebephase mit dem rechten Hinterbein vor, dann folgen hinten links und vorne rechts zusammen.

Springt das Pferd den Wechsel hinten nach, springt es hinten eben nicht prompt um. Hinten links und vorne rechts folgen nicht zusammen, sondern das linke Hinterbein springt erst nach dem rechten Vorderbein.

Um diesen Fehler abzustellen, analysiert man zunächst gründlich, warum das Pferd nachspringt. Unkontrolliertes Üben unterlässt man, um den Fehler nicht zu festigen. Denkbare Gründe, auch in Kombinationen, sind:

- Die Hinterhand steht auf der falschen Seite, damit wird dem Pferd das korrekte Umspringen erschwert.
- Die Hinterhand ist noch zu schwach, meist wird dann der Arbeitsgalopp schon nicht gut durchgesprungen sein.
- Die Hinterhand ist eigentlich kräftig genug, das Pferd aber zu untertourig geritten.
- Die Hinterhand ist kräftig genug, das Pferd aber nicht durchlässig, es nimmt den Arret nicht gleich an, spannt oder verhält sich im Moment der Wechselhilfe, die Handhilfe bremst das Hinterbein ab.
- Die Hilfengebung ist zögerlich, nicht auf den Punkt, sondern über mehrere Sprünge verteilt.

In jedem Fall soll der Reiter sauber analysieren, aus welchem Grund sein Pferd nachspringt. Dazu ist es ratsam, einen kompetenten Beobachter dazu zu bitten, sprich jemanden, der einem sicher ansagen kann, wie das Pferd gewechselt hat. Gerade bei Pferden, die im selben Galoppsprung hinten leicht verzögert wechseln, braucht man einen „Ansager". Da das Pferd ja nicht mal einen ganzen Galoppsprung im Kreuzgalopp macht, spürt man als Reiter die Verzögerung oft nicht.

Auch Video-Aufnahmen können hilfreich sein. Leider ist beim Betrachten aber meist der Moment der Korrekturmöglichkeit schon vorbei, es sei denn, man guckt die Aufnahme noch auf dem Pferd sitzend kurz an.

Die Vorbereitung des Pferdes ist so zu verbessern, dass es in die Lage versetzt wird, sauber zu wechseln.

Fußwechsel im Galopp von rechts nach links

1. Das linke Hinterbein ist in den Rechtsgalopp eingesprungen
2. Rechtes Hinterbein und linkes Vorderbein setzen zeitgleich auf
3. Das linke Hinterbein fußt ab, das rechte Vorderbein auf
4. Einbeinstütze vorne rechts
5. Schwebephase: Das rechte Hinterbein springt vor – fliegender Wechsel in den Linksgalopp
6. Das rechte Hinterbein ist in den Linksgalopp eingesprungen

Fehlerhafter Fußwechsel im Galopp

1. Das linke Hinterbein ist in den Rechtsgalopp eingesprungen
2. Rechtes Hinterbein und linkes Vorderbein stützen, der linke Hinterfuß hat abgefußt
3. Einbeinstütze vorne rechts
4. Schwebephase: Das rechte Hinterbein springt vor – in den Linksgalopp ein
5. Das linke Hinterbein bleibt – fehlerhaft – zurück, kommt nicht mit dem rechten Vorderbein zusammen vor, der Wechsel ist hinten „nach“
6. Immer noch ist das linke Hinterbein zurück geblieben

Die Hinterhand ist auf der rechten Seite, das Pferd ist deutlich rechts gestellt: So erschwert man dem Pferd das korrekte Umspringen nach links.
Lusitanohengst Girassol mit Ruth Giffels

Zu den Gründen für das Nachspringen im einzelnen:

• Hinterhand steht auf der falschen Seite: Wenn Sie zum Beispiel vom Rechts- in den Linksgalopp wechseln wollen, darf die Hinterhand nicht auf der rechten Seite stehen, sondern tendenziell auf der neuen inneren. Das Pferd muss die neue innere Hüfte ohne Anstrengung vorbringen könne. Travers ist die Galopp-Stellung, das heißt Sie erleichtern dem Pferd den Wechsel, indem Sie die Hinterhand vor dem Wechsel auf die neue Innenseite stellen. Wechselt das Pferd dann hinten vor vorne, ist das gar nicht schlimm, zunächst einmal haben Sie den schwerwiegenden Fehler des Nachspringens hinten behoben. Für den nächsten Wechsel erhöhen Sie etwas das Vorwärts, das verringert die Gefahr, dass das Pferd vorne nachspringt.

Das kann – je nach Grund des Nachspringens – auch heißen, längere Zeit an dieser Vorbereitung zu feilen und auf Wechsel zunächst zu verzichten.

Es ist immer einfacher, eine Lektion richtig aufzubauen, als ein fehlerhaftes Verhalten zu korrigieren. Pferde, die sich über eine längere Zeit angewöhnt haben, hinten nachzuspringen, sind oft nur mit viel Aufwand zu korrigieren.

Deswegen: nicht wild herumprobieren, sondern gleich mit Konzept an die Lektion herangehen. Unbedingt ratsam ist es, die ersten Wechsel mit Hilfe eines Beobachters nach durchdachter Vorarbeit zu reiten, bei fehlerhafter Ausführung kehrt man zurück zur Vorbereitung.

• Hinterhand zu schwach

Bei jungen Pferden oder Pferden, die – aus welchen Gründen auch immer – wenig trainiert worden sind, kann die Hinterhand für eine korrekte Ausführung des Wechsels zu schwach sein. Meist sieht man das schon im Grundgalopp, wenn dieser schleppend ist. Die Hinterhand springt nicht gut unter, Tempounterschiede sind nicht leicht zu reiten, das Pferd neigt dazu, versammelnde Hilfen mit Ausfallen in den Trab zu beantworten. Oft sieht man bei solchen Pferden auch eine Veränderung der Silhouette, sie weichen mit Kopf und Hals nach oben oder unten aus, holen mit dem Hals Schwung.

Im Fall des schleppend galoppierenden Pferdes muss der Galopp energischer geritten werden. Zur Vorbereitung dienen Übungen, welche die Aktivität der Hinterhand fördern, zum Beispiel Zulegen und Verkürzen im Trab, kurze Übergänge zwischen Trab und Schritt, Trab und Halten, eventuell kombiniert mit kurzem Rükkwärtsrichten, ohne zähe Haltparaden, alles gut im Fluß. Das Ziel dabei ist, die Hinterbeine zum energischen Treten zu animieren. Hat man das Gefühl, dass dies gelungen ist, galoppiert man an und erhält das Pferd möglichst fleißig springend. Wenn das gut gelingt, pariert man wieder durch und legt eine Belohnungspause ein, lässt also das Pferd sich vorwärts-abwärts strecken oder pariert zum Schritt und gibt die Zügel hin.

Es ist wichtig, den Galopp in so kurzen Reprisen zu üben, dass das Pferd nicht wieder seinen schleppenden Gang annimmt. Häufiges Einspringen lassen kräftigt solche Pferde mehr als lange Galopptouren, in denen sie sich hinten nach und nach wieder verabschieden. Besonders das Angaloppieren aus dem Schritt stärkt die Hinterbeine. Ob man nach der Galoppreprise zum Trab oder Schritt pariert, ist nicht so entscheidend und richtet sich nach der Durchlässigkeit des Pferdes. Man sollte nur vermeiden, die im Galopp erzeugte Aktivität in einer Bremsung auf der Vorhand ersterben zu lassen. Ist das Pferd für eine Parade zum Schritt noch nicht durchlässig genug, pariert man zunächst besser zum Trab mit der Betonung darauf, den Schwung aus dem Galopp zu erhalten.

Außerdem wird die ganze Arbeit so aufgebaut, dass die Hinterhand gekräftigt wird. Um hier nur einige Möglichkeiten aufzuzählen: Trabseitengänge, insbesondere Schulterherein, daraus angaloppieren, stärken das jeweilige innere Hinterbein. Handarbeit mit Schritt-Trab, Trab-Halt-Trab-Übergängen, gegebenenfalls Anpiaffieren. Cavaletti-Arbeit oder freispringen lassen.

Bei den meisten Pferden ist ein Hinterbein schwächer als das andere. Wenn keine gesundheitlichen Einschränkungen vorliegen, versucht man im Laufe der Ausbildung, beide Hinterbeine gleichmäßig zu kräftigen. Oft ist deswegen auch der Wechsel zu einer Seite eher gefährdet. Hat man diese Beobachtung gemacht, baut man die Arbeit so auf, dass man diese Seite besonders fördert.

Manche Pferde sind auch im Galopp zu hastig, der Galopp wird nicht gesprungen, sondern gelaufen. Optisch machen sie den Eindruck eines Tausendfüßlers.

Solche Pferde sollen lernen, den Galopp ruhiger zu springen. Dazu kann es helfen, den Trab vorher anstrengend zu gestalten, etwa durch übertreten lassen auf der Zirkellinie mit viel seitlicher Abstellung. Daraus entlässt man sie in einen ruhigen Galopp und pariert auch hier wieder durch, bevor sie wieder eilig werden.

Auch Außengalopp kann solche Pferde konzentrieren und zu besserem Galoppsprung anregen, wobei es zunächst ausreicht, den Außengalopp am Anfang der langen Seite zu beginnen und vor der nächsten Ecke wieder durchzuparieren.

• Pferd zu untertourig geritten: Reiten Sie mehr vorwärts! Nicht Runde um Runde, sondern reiten Sie ganz bewusst Tempounterschiede, sowohl im Trab als auch im Galopp. Im Galopp sollen Sie das Pferd nicht jagen, sondern gezielt vorschicken können. Wenn diese Tempounterschiede auf leichte Hilfen möglich sind, denken Sie für den Wechsel selber an freies Vorwärts, wechseln in den Mittelgalopp hinein.

• Durchlässigkeitsmängel, zu starke Handhilfen: Bleibt das Pferd bei den Übergängen zum Schritt noch nicht leicht in der Hand, wird es den Arrêt zum Angaloppieren aus dem Galopp möglicherweise nicht ernst nehmen und einfach darüber hinweg galoppieren. Als Vorbereitung verbessert man die Übergänge zum Schritt, lobt sehr, wenn das Pferd diese gut ausführt. Dann geht man noch eine Stufe weiter und übt das Anhalten aus dem Galopp. Wichtig ist auch hier, dass das Pferd vor der ganzen Parade gut versammelt galoppiert und auf Zurücklegen der Schenkel und Stimmhilfe sich fast ohne Hand aufnimmt zum Halten. Wenn die-

Reiten Sie Tempounterschiede: Zulegen im Trab.
Lusitanohengst Fadista mit Ruth Giffels

ses Anhalten auf leichte Hilfen hin gelingt, wird man daraus im neuen Galopp angaloppieren. Hilfreich ist es, die Übung zunächst auf die Bande zu anzulegen. Auf einer Diagonalen reitet man auf die Bande zu, pariert, lobt und galoppiert im neuen Galopp auf der neuen Hand an. Nach dieser Vorbereitung gibt man die Hilfe zum Angaloppieren wieder aus dem Galopp. Sollte das Pferd den Arrêt erneut überrennen, hält man und lässt zur Erhöhung der Konzentration rückwärts richten und daraus neu angaloppieren.

Springt das Pferd gut um, lobt man, speichert das gute Gefühl ab und lässt es für diesen Tag mit Galopp gut sein.

Wenn der Reiter zu stark mit der Hand einwirkt, bremst er das Pferd aus. Es traut sich nicht, gegen diese harte Hand anzuspringen. Als Gefühlsschulung für den Reiter bieten sich dieselben Übungen an wie eben beschrieben, nur dass hier der Schwerpunkt auf der Schulung des Reiters liegt, der lernen muss, rechtzeitig wieder mit der Hand nachzugeben und den Wechsel nicht mit der Hand erzwingen zu wollen.

• Hilfengebung zu zögerlich: Die Hilfen für den Wechsel gehören alle zusammen, nur im Moment der Schwebephase kann das Pferd wechseln. Die Aufforderung dazu kann man also nicht über mehrere Galoppsprünge verteilen, sondern die Einwirkung muss punktgenau erfolgen.

Schenkelweichen als Korrekturmöglichkeit

Zu einem schön durchgesprungenen Wechsel gehören aktiv unterspringende Hinterbeine. Die Aktivität eines einzelnen Hinterbeins lässt sich folgendermaßen fördern: Man lässt das Pferd an der langen Seite dem äußeren Schenkel weichen, zunächst im Trab. Das Pferd soll in sich gerade bleiben, der Grad der Abstellung nicht zu groß sein, 45 Grad nicht überschreiten. Zur besseren Vorstellung: bei 90 Grad stünde das Pferd senkrecht zur Bande, mit dem Gesicht frontal zur Wand.

Die Gerte hält man in der bahninneren Hand und stellt sich vor, das bahninnere Hinterbein weit untertreten zu lassen; dazu kann es hilfreich sein, das Untertreten mit der Gerte zu unterstützen. Man „ärgert" das Pferd durch gezieltes, leichtes Touchieren im Moment des Abfußens des inneren Hinterbeins. Wenn es daraufhin einen großen Tritt hinten innen macht lobt man. Dieser Tritt kann auch mal so groß geraten, dass das Pferd mit dem anderen Hinterbein nicht gleichmäßig nachtreten kann. Das ist in diesem Zusammenhang nicht schlimm. Ziel ist es, das innere Hinterbein geschickt und schnell zu machen und weit untertreten zu lassen.

Hat das Pferd die Übung im Trab verstanden, wiederholt man sie im Innengalopp. Hier muss man noch deutlicher als im Trab darauf achten, dass die Abstellung nicht zu groß wird, sonst erschwert man unnötig das Vorwärts. Sollte das Pferd als Reaktion auf das Touchieren einmal austreten oder einen kleinen Hüpfer machen, lässt man sich nicht irritieren, immerhin antwortet es der Hilfe. Man wiederholt die Hilfe und lobt, wenn das innere Hinterbein weit unterspringt.

Hat das Pferd im Trab und im Innengalopp verstanden, dass es hinten innen auf Touchement aktiver werden soll, kann man das Erlernte als Wechselhilfe nutzen: Man galoppiert im Kontergalopp an der langen Seite, lässt das Pferd wiederum leicht dem bahnäußeren Schenkel weichen – so steht die Hinterhand schon auf der neuen inneren Seite – und provoziert durch leichtes Touchieren das neue innere Hinterbein zum Zuspringen, in Kombination mit den Hilfen zum Wechsel. Das Anticken mit der Gerte und die Wechselhilfe müssen zur selben Zeit erfolgen. Weniger routinierten Reitern fällt diese Koordination manchmal schwer. Es ist aber gar nicht schlimm, wenn das Pferd zunächst lernt, das neue innere Hinterbein vorspringen zu lassen, so hat man auf jeden Fall schon einmal dem Nachspringen hinten vorgebeugt. Im nächsten Schritt achtet man auf zeitgleiche Hilfengebung und reitet mehr vorwärts, dann wird das Pferd meist sauber durchspringen.

Der Nachteil dieser Korrekturmethode liegt darin, dass die Pferde für den Wechsel mit der Hinterhand nach innen gestellt werden, das heißt sie lernen schief umzuspringen.

Besser schief als nach, ist die kurze Devise dazu. Manches Pferd, das sich mit den Wechseln schwer tut, lernt auf diese Weise zunächst überhaupt zu wechseln, die korrekte Geraderichtung kann nach Absicherung des Verständnisses für die Lektion erarbeitet werden. Damit es nicht zu Zerrbildern kommt, ist es wichtig, dass der Reiter zentriert sitzen und mit seinen Handhilfen dezent bleibt, sonst sollte man die Grundlagen optimieren.

Vorne nachgesprungene Wechsel

Sie sind meist leichter zu korrigieren als hinten nachgesprungene Wechsel. Oft reicht es schon, energischer vorwärts zu reiten. Tempounterschiede im Innen- und Kontergalopp sind eine gute Vorbereitung, wobei es auf das prompte Zulegen, nicht auf lange Touren ankommt. Auch eine Linienführung, bei der das Pferd optisch nicht eingebremst wird, begünstigt das Vorspringen des Vorderbeins. So eignet sich zum Beispiel der Wechsel vom Außen- zum

Spanischer Schritt verbessert die Schulterfreiheit.
Lusitanohengst Pintor mit Ruth Giffels

Innengalopp an der langen Seite, eventuell auf dem zweiten Hufschlag. Auf der Diagonalen wechselt man bei X, nicht erst am Wechselpunkt bei Erreichen der langen Seite. Linien, die tendenziell den Schwung nehmen, vermeidet man.

Falls mehr Vorwärts alleine nicht ausreicht, verbessert man die Schulterfreiheit. Dazu gibt es viele Möglichkeiten: Schulterherein, daraus Tritte verlängern im Trab, spanischer Schritt, Cavalletti-Arbeit, um nur einige aufzuzählen. In diesem Zusammenhang überprüft man auch, ob man das Pferd zu eng und tief eingestellt oder zu stark seitlich gestellt hat. Auch darüber kann man das gewünschte freie Vorspringen des Vorderbeins blockieren. Eine freiere Kopf-Hals-Einstellung schafft Abhilfe. Starkes seitliches Umstellen behindert das Pferd im freien Vorwärtsspringen, es nutzt nichts, das Pferd mit

So nicht: zu tiefe Einstellung behindert das Vorwärts-aufwärts-Springen der Vorhand.

dem Hals auf die neue Seite stellen zu wollen. Im Gegenteil, das Gewicht von Kopf und Hals verhindert das Vorspringen des Vorderbeins. Die neue innere Hand muss den Galoppsprung heraus lassen, darf also keinesfalls stellend geschlossen werden.

Man kann auch im Moment des Wechsels mit der Gerte an der Schulter touchieren, eine Hilfe, die man bei manchen jungen Pferden zum Angaloppieren verwendet. Ein aufrichtender Arrêt nach vorne-oben vor dem Wechsel kann für genügend Schulterfreiheit sorgen, muss aber sehr gefühlvoll im richtigen Moment gegeben werden.

So nicht: die linke Schulter ist deutlich tiefer, der Sitz nicht mehr zentriert ...

... sondern so: Schultern auf einer Höhe. Kladruber-Hengst Generalissimus Errata mit Claudia Witting

Schiefe – Ausweichen der Hinterhand oder Vorhand; zu kurz gesprungene Wechsel

Der Wechsel soll gerade nach vorne gesprungen werden, schiefe Wechsel sind unschön und fehlerhaft. Sie können verschiedene Ursachen haben:

• Der Reiter sitzt schief, entweder generell oder speziell für den Wechsel. Oft sieht man Reiter, die zum Wechsel über der neuen inneren Hüfte einknicken. Wenn sie zum Beispiel aus dem Rechtsgalopp nach links wechseln wollen verkürzen sie ihre linke Körperseite, werfen eventuell das Gewicht nach links. Wenn das Pferd jetzt überhaupt noch wechseln soll, wird die Schenkelhilfe sehr stark sein müssen; entsprechend wird die Hinterhand nach links gedrückt. Abhilfe schaffen gleich hoch gehaltene Schultern, auch die Ellenbogen gehören auf eine Höhe.

Wenn der Reiter zudem noch nach unten schaut, gibt er keine klare Linie vor, auf der der Wechsel erfolgen soll, der Impuls nach vorne geht verloren.

• Zu starke reiterliche Einwirkung mit den Händen, den Schenkeln oder gar dem ganzen Körper. Zu starkes Verlegen der Schenkel führt zum Ausweichen der Hinterhand. Legt man einen Schenkel weit zurück, wird der gegenüberliegende nach vorne ausweichen. Dadurch kommt Bewegung in Gesäßknochen, Hüften und Becken, womöglich verlässt das Gesäß den Sattel und die Ruhe im Sitz ist dahin. Der raumgreifenden Wanderung der Schenkel passt das Pferd sich an und schwankt beim Wechsel. Ein leichtes Verlegen des Schenkels muss reichen, sonst muss der Schenkelgehorsam verbessert werden. Dazu bieten sich alle Übungen an, bei denen das Pferd einem Schenkel weicht, zum Beispiel Schenkelweichen und Traversalen.

So nicht: zu starkes Verlegen der Schenkel bringt den Reiter aus dem Sitz. Lusitanohengst Fadista mit Ruth Giffels

Zu starke Einwirkung mit den Händen führt zu kurz gesprungenen Wechseln. Wenn die Vorhand zu sehr eingebremst wird, die Hinterhand aber weiter schiebt, kommt es auch hier zu seitlichen Ausweichbewegungen.

• Natürliche Schiefe des Pferdes: Sie kann dazu führen, dass die Wechsel immer zu einer Seite schief sind. Ist zum Beispiel das Pferd links hohl, springt schon im Grundgalopp mit dem inneren Hinterfuß leicht nach innen, wird es auch den Wechsel nach links so ausführen. Eine Korrekturmöglichkeit ist es, das Pferd auf der rechten Hand nach außen wechseln zu lassen. Die Bande verhindert das Ausweichen mit dem linken Hinterbein. Es wird auch die Auffassung vertreten, dass die Wechsel so lange zurückgestellt werden, bis das Pferd gerade gerichtet ist. (Siehe das Kapitel zum Geraderichten.)

• Zu starke Versammlung: Verlangt man zu früh zu starke Versammlung und kann das Pferd die Hanken (Hüft-, Knie- und Sprunggelenke) noch nicht so stark beugen, wird es einer treibenden Einwirkung eventuell auch seitlich ausweichen. Zu starke Versammlung führt auch zu kurz gesprungenen Wechseln.

So nicht: das Pferd ist auf der Vorhand, die Kruppe ist zu hoch.

Hochwerfen der Kruppe, Kicken; Pferde, die zu sehr auf der Vorhand sind

Manche Pferde hüpfen zum Wechsel mit der Hinterhand hoch, manchmal so stark, dass der Reiter nach vorne geworfen wird. Bei den allerersten Wechseln wird man ein leichtes Lüften der Hinterhand noch hinnehmen, keinesfalls aber darf das Pferd sich das Hochwerfen der Kruppe angewöhnen.

Bei sehr sensiblen Pferden kann es als Reaktion auf zu starke Einwirkung erfolgen, insbesondere plötzlicher, vielleicht ungewollter Sporeneinsatz kann dazu animieren. Auch starke Gewichtsverlagerung des Reiters kann solches Hüpfen auslösen. Bleiben Sie gut zentriert sitzen, verlagern Ihr Gewicht auch nicht nach hinten oder vorne und legen eine Linie an, die zum Wechseln einlädt und nach dem Wechseln sofortiges freies Vorwärtsreiten erlaubt. Wie jede ungewollte Bewegung nach oben lässt sich auch diese durch mehr Vorwärts ausgleichen.

Denken Sie selber „Vorwärts", gerade für den Wechsel. Nicht: „Hoffentlich hüpft er jetzt nicht wieder ...". Damit ist die Idee schon da!

Es kann auch sein, dass das Pferd zu stark auf der Vorhand ist, zu wenig aufgerichtet. Achten Sie vor dem Wechsel darauf, dass Sie das Pferd schön vor sich haben, reiten Sie ein paar Tempounterschiede, bei denen Sie besonders darauf achten, dass das Pferd beim Verkürzen

Sondern so: das Pferd ist gut aufgerichtet, das Genick der höchste Punkt. Lusitanohengst Fadista mit Ruth Giffels

nicht auf die Hand kommt, sondern vorne frei bleibt und hinten gut unterspringt.

Das Kicken ist ein ruckartiges Hochziehen eines Hinterbeines, als wollte das Pferd einem den Bügel wegtreten. Meist ist es eine Unmutsäußerung als Reaktion auf Sporen- oder Gerteneinsatz. Versuchen Sie, ohne Sporen oder Gerte auszukommen, reiten auch hier mehr vorwärts und stellen vorher durch geeignete Übungen Schenkelgehorsam her.

Pferde, die zu sehr auf der Hinterhand sind

Auch solche gibt es, sie erschweren sich das Umspringen durch zu starke Beugung der Hanken. Meist führt das zu unnötig großen Sprüngen für die Wechsel selber, das Pferd öffnet zunächst seine Gelenke und drückt dabei meist nach oben. Solche Pferde entspannt man, stellt sie bewusst tief ein. Im Klartext: Man reitet sie bewusst auf der Vorhand, damit die Gelenke der Hinterhand so offen bleiben, dass ein entspanntes Wechseln möglich wird. Meist wird dazu ein freieres Tempo hilfreich sein, auch kann man absichtlich etwas leichter einsitzen.

Man kann auch probieren, ob das Pferd im Gelände mit mehr Außenreizen lockerer bleibt.

Wichtig ist, dass man solche Pferde nicht überreizt, ein paar gut vorbereitete Wechsel bringen größeren Erfolg als viele halbherzige Versuche.

Ungewollte Wechsel; Pferde, die hinten sehr lose sind

Es gibt Pferde, die mit den Hinterbeinen im Galopp ohne Aufforderung hin und her springen. Meist sind sie noch nicht gut im Gleichgewicht und unterstützen ihres und das Reitergewicht wechselnd. Fliegende Galoppwechsel unterlässt man mit solchen Pferden zunächst komplett.

Erst kräftigt man sie so, dass sie den Galopp auf einer Hand über längere Zeit gleichmäßig springen. Dazu beginnt man auf der für das Pferd leichteren Hand, stellt es eventuell sogar leicht traversartig und galoppiert konzentriert auf großen Linien, achtet dabei auf einen absolut ruhigen Sitz. Dann lässt man solche Pferde die ganze Ausbildung wie mit einem jungen Pferd durchlaufen. Erst wenn sie gut im Gleichgewicht sind, beginnt man sie gezielt fliegende Wechsel springen zu lassen.

Schweifschlagen

Manche Pferde schlagen mit dem Schweif, beim Angaloppieren wie auch bei den Wechseln. Das Schweifschlagen ist ein Zeichen von Unwohlsein. Der Schweif als Verlängerung der Wirbelsäule zeigt Verspannungen im Rücken an. Auf Turnieren, wo Pferd und Reiter unter viel Spannung stehen, sieht man es leider häufig. Es zeigt einen Mangel an Losgelassenheit und stört den harmonischen Gesamt-Eindruck sehr, was sich auch in der Gesamtnote für Gehorsam und Durchlässigkeit niederschlagen kann. Um es abzustellen, muss man ein bisschen tüfteln: Wie entspannt man das Pferd vor dem Angaloppieren so, dass es das Einspringen in den Galopp mit ruhig getragenem Schweif ausführen kann? Dazu muss man meist Druck abbauen, versuchen, die Hilfen zu minimieren, vielleicht einmal die Sporen weglassen oder ohne Gerte angaloppieren und loben, wenn das Pferd mit ruhigem Schweif angaloppiert ist.

TURNIERANFORDERUNGEN DER KLASSE M

Alle Aufgaben dieser Klasse beginnen mit dem Einreiten im versammelten Galopp, Halten und Grüßen bei X. Die Geraderichtung und Durchlässigkeit des Pferdes werden also gleich zu Beginn auf der Mittellinie gut sichtbar. Mit einem Pferd, das in dieser Hinsicht noch nicht reif ist, braucht man im Grunde gar nicht erst einreiten, sondern sollte die Ausbildung zu Hause verbessern.

Weitere Anforderungen sind die Galopptempi versammelter, Mittel- und starker Galopp sowie die Übergänge zwischen versammeltem Galopp und Mittelgalopp beziehungsweise versammeltem Galopp und starkem Galopp. Hier will man deutliche Unterschiede und auf den Punkt gerittene Übergänge sehen. Außerdem wird Rückwärtsrichten und daraus im versammeltem Tempo Angaloppieren verlangt; auch hier wird die Geraderichtung und prompte Bereitschaft zum Einspringen geprüft. Setzt der Reiter zum Rückwärtsrichten zu viel Handhilfen ein, wird das Pferd dabei schief werden. Hilfreich ist die Idee – nur die Idee! – Schultervor und daraus angaloppieren, so bleibt das Pferd gerade.

Fliegende Wechsel werden vom Rechts- in den Linksgalopp und umgekehrt an verschiedenen Bahnpunkten gefordert und bis zur Aufgabe M 5 und in Küren der Klasse M mit dem Koeffizienten 2 bewertet. Teils werden die Wechsel auch auf Schlangenlinien mit drei oder vier Bögen verlangt, außerdem wird auch der Außengalopp noch explizit verlangt und bewertet. In der Aufgabe M 7 werden fliegende Wechsel zu beiden Seiten jeweils nach Galoppvolten auf der Mittellinie verlangt, hier können die Richter besonders gut sehen, ob die Wechsel gerade gesprungen sind. In der Aufgabe M 8 wird die Lektionssicherheit bei Wechseln in den Außengalopp und anschließend jeweils einem halben Mittelzirkel im Außengalopp überprüft.

Auf einem 20 mal 60 Meter großen Viereck wird die Aufgabe M 9 geritten, in der auf einer Diagonalen drei einzelne fliegende Wechsel gefragt sind, wobei der zweite bei X gesprungen werden soll.

Im Rahmen der Klasse M will man die einzelnen Wechsel ausdrucksstark nach vorne-oben, also mit Bergauf-Tendenz gesprungen sehen.

„Den fliegenden Galoppwechsel springt das Pferd fließend und gelassen, gerade gerichtet und erhaben, in deutlicher Vorwärtstendenz möglichst weit durch." (Aufgabenheft Reiten, S. 15)

SCHULTERHEREIN IM GALOPP

Das ist eine sehr gute Übung, um die Versammlung und das Geraderichten zu verbessern. Man beginnt das Schulterherein mit sehr wenig Abstellung, eher als Schultervor. Mit dem äußeren Zügel erhält man eine gute Anlehnung, die äußere Schulter soll gut eingerahmt bleiben. Der innere Schenkel sorgt durch treibende Impulse für lebhaftes Unterspringen des inneren Hinterbeins. Es kann vorkommen, dass das Pferd ungewollt nach außen wechselt. Wenn das passiert, wechselt man entweder fliegend wieder nach innen zurück und achtet in der Folge auf besseres Verwahren mit dem ruhig anliegenden äußeren Schenkel oder man pariert durch und fordert das Galopp-Schulterherein nach guter Vorbereitung erneut. Aus dem Schulterherein kann man gerade richten und die Galoppsprünge verlängern, oder man pariert zum Trab und lässt im Trab das Pferd zulegen. In jedem Fall bietet es sich an, nach der verstärkten Versammlung immer mal wieder frei vorwärts zu reiten. Auch als Einleitung für die Galopp-Traversale ist Schulterherein eine gute Möglichkeit.

Aus der Versammlung frei vorwärts reiten: Trab-Verstärkung
Lusitanohengst Incanto mit Richard Hinrichs

SERIENWECHSEL

Wenn einzelne fliegende Wechsel an beliebigen Stellen der Bahn zu beiden Seiten sicher sind, das heißt sowohl aus dem Kontergalopp nach innen als auch aus dem Innen- in den Kontergalopp, kann man mit Wechseln nach bestimmter Sprungzahl beginnen. Das Pferd soll dazu nach dem einzelnen Wechsel ruhig und taktrein weitergaloppieren, leicht in der Hand und möglichst gerade gerichtet bleiben.

Zunächst wird man, noch ohne eine bestimmte Sprungzahl zwischen den Wechseln anzustreben, an einer langen Seite oder auf einem großen Zirkel zwei einzelne fliegende Wechsel reiten. Geschickt ist es, als Erstes den Wechsel anzulegen, der dem Pferd schwerer fällt. Nur wenn der gut gelingt, wechselt man nach einigen Sprüngen zurück, sonst wiederholt man ihn.

Gelingen diese beiden Wechsel, noch ohne die Sprünge dazwischen zu zählen, leicht, kann man beginnen, die Anzahl der Galoppsprünge zwischen den Wechseln zu bestimmen. Der Reiter braucht dazu ein gutes Gefühl für den Galopp-Rhythmus und muss die Anzahl der Galoppsprünge erspüren können.

Wer dieses Gefühl nicht hat, kann es auf verschiedene Weisen schulen: Beispielsweise durch das Zulegen und Verkürzen im Galopp nach bestimmter Sprungzahl. Man reitet zum Beispiel vier Sprünge Mittelgalopp, vier Sprünge versammelten Galopp, vier Sprünge Mittelgalopp ...

Auch der Wechsel zwischen vier Sprüngen Innengalopp, vier Sprüngen Kontergalopp, wahlweise über Trab- oder Schritt-Übergänge verbunden, schult das Rhythmus-Gefühl.

Als Beispiel wähle ich hier bewusst immer den Vierer-Takt. Nach meiner Erfahrung sind die Viererwechsel in der Ausbildung sehr wichtig. Wenn sie wirklich sauber geritten sind, fällt die Ausbildung der Dreier- und Zweier-Wechsel vergleichsweise leicht. Die korrekten Zweierwechsel wiederum bilden die Grundlage für die Einerwechsel.

Noch sind wir bei dem ersten Zählen: Übungshalber kann man bei genügend Platz auch zunächst nach fünf oder sechs Sprüngen den Galopp wechseln.

Um zählen zu lernen, kann es helfen, Filmaufnahmen anzusehen und die Zahl der Galoppsprünge laut mitzuzählen. Um Viererwechsel zu zählen, kann man so vorgehen: Man zählt vom ersten Wechsel an Eins, Zwei, Drei, Vier; Zwei, Zwei, Drei Vier; Drei, Zwei, Drei Vier;

Lob nach gelungenen Wechseln: Am langen Zügel wird ruhig weitergaloppiert. Kladruber-Hengst Generalissimus Errata mit Claudia Witting

Vier, Zwei, Drei, Vier und so fort. Auf diese Weise zählt man nicht nur Galopp-Sprünge, sondern auch die Anzahl der Wechsel, eine Aufgabe, die in Dressur-Prüfungen wichtig ist und auch, wenn man sich mit anderen Reitern abstimmen will, zum Beispiel für eine gemeinsame Vorstellung.

Zurück zur Ausführung mit dem Pferd: Hier zählt man genauso, der Wechsel ist der erste Sprung, den man zählt.

Wenn die ersten Wechsel nach bestimmter Sprungzahl, seien es sechs oder fünf oder schon vier, gelungen sind, lobt man ausgiebig und beendet für den Tag jedenfalls die Galopp-Tour, eventuell die Arbeit mit dem Pferd überhaupt. Pferde merken sich sehr gut, wofür sie viel Lob erhalten, und diese Motivation erleichtert die Arbeit und erhält die Freude daran.

Allerdings sollte man sich früh angewöhnen, auch nach einer gelungenen Serie zunächst ruhig weiterzugaloppieren und erst einige Galoppsprünge nach der Serie durchzuparieren. Wenn man mehrfach direkt nach gelungener Serie den Galopp abrupt unterbricht um zu loben, gewöhnt das Pferd sich daran und wird erstaunt sein, wenn es statt dessen weitergaloppieren soll.

Also: Schön weitergaloppieren, Stimmlob, weiches Überstreichen mit einer Hand am Hals, vielleicht Zügel aus der Hand kauen lassen, noch im Galopp, dann erst durchparieren und gegebenenfalls Ende der Arbeit.

Kontergalopp am Beginn der langen Seite: der Schenkel liegt nicht zu weit hinten, aus diesem Sitz kann der Reiter das Pferd zu Wechseln auffordern. Lusitanohengst Fadista mit Ruth Giffels

Viererwechsel

Sie sind die Basis für alle weiteren Serienwechsel. Auf ihre absolut saubere Ausführung kann man nicht verzichten, wenn man gute Serienwechsel ausbilden will.

Das Pferd wechselt nach jedem vierten Sprung den Galopp, der Wechsel selber zählt als erster Sprung im neuen Galopp. Auch hier wird man, falls das Pferd noch nicht ganz gleichmäßig leicht in beide Richtungen wechselt, zunächst den Wechsel abfragen, der dem Pferd schwerer fällt, nach vier Sprüngen dann zurück wechseln. Zwischen den beiden Wechseln soll der Galopp ruhig und leicht erhalten werden. Weder soll das Pferd freier noch kürzer im Sprung werden. Auch der Rahmen und die Anlehnung sollen gleich bleiben, das Pferd darf nicht auf die Hand drücken, sich herausheben oder nach unten abtauchen. Der Reiter soll seinen Sitz schön ruhig erhalten, nicht anfangen, den Schwerpunkt zu verlagern, mit den Schultern oder gar dem ganzen Oberkörper zu wuchten, den Beinen zu rudern. Positiv formuliert: der Reiter bleibt ruhig sitzen, das Gesäß bleibt im Sattel, die Schenkel werden nur für den jeweiligen Wechsel leicht verlegt, Oberkörper und Schultern bleiben ruhig. Bei fortgeschrittener Übung werden die Schenkel möglichst kaum noch verlegt. Ein Pferd, das gelernt hat, auf Arrêt und Öffnen des inneren Schenkels zu wechseln, bedarf solch offensichtlicher Hilfe nicht mehr.

Zunächst wird man die Viererwechsel an der langen Seite üben, eventuell auf dem zweiten Hufschlag, damit die Bande nicht zu sehr optisch bremst.

Das Vorgehen ist abhängig vom Platz, den man zur Verfügung hat, und der Galoppade des Pferdes.

Zählen Sie einmal die Galopp-Sprünge, die Ihr Pferd von Ecke zu Ecke an einer langen Seite macht. Wenn Sie eine große Bahn zur Verfügung haben, ist die Einteilung kein Problem. Haben Sie nur eine kleine Bahn, zum Beispiel 15 mal 30 Meter, müssen Sie bei der Einteilung gut kalkulieren.

Aus der Ecke heraus das Pferd gut gerade richten, Wechsel nach außen, nach vier Sprüngen nach innen. Gelingt das auf beiden Händen, wird es Zeit für die Serie: der dritte Viererwechsel passt bei 30 Metern und nicht zu gewaltiger Galoppade noch gut auf eine lange Seite.

Entweder beginnt man aus dem Kontergalopp, wechselt nach innen, nach vier Sprüngen nach außen und erneut nach vier Sprüngen nach innen, um im Innengalopp die Ecke zu durchreiten. Loben und freuen!

Falls das Durchreiten der ersten Ecke der langen Seite im Kontergalopp zu viel Schwung nimmt, kann man auch aus dem Innen- in den Kontergalopp wechselnd beginnen, nach vier Sprüngen zurück nach innen, erneut nach vier Sprüngen nach außen und muss dann im Kontergalopp die zweite Ecke passieren.

Die erste Variante ist für galoppfreudige, schwungvolle Pferde besser geeignet. Im Galopp etwas schwerfällige, zum Vierschlag-Galopp neigende lässt man besser aus dem Innengalopp beginnen.

Weiterhin kann man auf der Diagonalen Viererwechsel reiten, der mittlere Wechsel der Serie soll bei X gesprungen werden. Auf der Diagonalen sollte man das Pferd gut gerade richten, also nicht etwa von rechts aus der Ecke kommend noch in Rechtsstellung den Wechsel nach links verlangen. Erst gerade richten!

Wenn man nur eine sehr kleine Bahn zur Verfügung hat, kann es hilfreich sein, für die ersten Serienwechsel ins Gelände zu gehen, auf möglichst gute Galoppstrecken, oder auf Feld oder Wiese. Hier bremsen keine Banden und Ecken. Manchmal dauert es ein bisschen, das Pferd zu konzentrieren, zählen muss man auch hier.

Gelingen die Vierer an der langen Seite, bleiben Pferd und Reiter ruhig und konzentriert, kann man beginnen, sie rundum zu reiten, dann auch auf dem Zirkel. Sind die Viererwechsel auf der Geraden gut abgesichert, kann man anfangen, sie auf dem Zirkel zu reiten. Dazu lässt man das Pferd in sich relativ gerade, stellt und biegt es wenig, um das Vorwärts nicht zusätzlich zu erschweren. Den Zirkel reitet man aus demselben Grund schön groß. Zunächst schraubt man die Anforderungen zurück, macht nur einen Wechsel nach außen und wechselt nach vier Galoppsprüngen wieder zurück. Anfangs ist es hilfreich, den ersten Wechsel an der offenen Zirkelseite von der Bande weg anzulegen, damit die Bande nicht optisch bremst. Gelingt die Übung: Loben nicht vergessen! Macht das Pferd gut mit, kann man die Serie verlängern, bis man rundum auf dem ganzen Zirkel Viererwechsel reiten kann. Zur Abwechslung kann man die Serie auch einmal aus dem Kontergalopp beginnen. Damit das Pferd die Hilfen nicht vorweg nimmt, sollte man zwischendurch auch immer wieder einen Zirkel im Kontergalopp reiten, dann aus dem Zirkel wechseln oder einen einzelnen fliegenden Wechsel anlegen oder durchparieren. Abwechslung in den Aufgaben erhält die Pferde konzentriert und interessiert.

Für Pferde, die dazu neigen, sich im Galopp generell oder während der Wechsel zu verhalten, ist diese Übung nicht geeignet, solche sollte man auf der Geraden nach

Eine große Wiese bietet viel Platz für die ersten Serienwechsel.
Lusitanohengst Oasis mit Ruth Giffels

und zwischen den Wechseln zulegen lassen und durch Tempounterschiede im Galopp wach erhalten.

Häufige Reiterfehler bei den Serienwechseln sind ein während der Serie unruhig werdender Sitz, gröber und ungenauer werdende Hilfengebung. Wildes Geschaukel des Oberkörpers und Spornieren der Schabracke sind kein ästhetischer Anblick und helfen auch dem Pferd nicht zu besserem Verständnis des Gewünschten. Besser geht man in seinen Anforderungen einen Schritt zurück und optimiert Sitz und Einwirkung bei einzelnen Wechseln oder kürzeren Serien.

Nicht routinierte Reiter galoppieren besser ohne Wechsel weiter, wenn eine Serie nicht gelingt, oder parieren durch, ordnen Sitz und Gedanken erneut, um dann konzentriert neu zu beginnen. So verfährt man auch, wenn das Pferd die Hilfen nicht mehr abwartet, sondern vorweg nimmt und „nach freiem Ermessen" (Kurt Albrecht) wechselt. Bei solchen besonders eifrigen oder auch voreiligen Pferden kann es auch helfen, zwischendurch voll konzentriert eine andere Lektion abzufragen. Je nach Ausbildungsstand kann das zum Beispiel eine Galopp-Traversale sein, ein Schulterherein im Galopp oder auch im Trab, aus dem heraus man ruhig neu angaloppiert. Bei weniger weit ausgebildeten und heftigen Pferden dient auch ein Vorwärts-abwärts-strecken-Lassen im Trab der Entspannung, aus der heraus man neu konzentrierte Mitarbeit aufbauen kann.

Auch das Hinunterschauen, um die Wechsel zu kontrollieren, ist überflüssig, stört die Balance und erschwert es, die Linie zu halten.

Sehr nützlich ist es, sich vor dem Reiten der Lektion kurz in Erinnerung zu rufen, wie es sich anfühlt, wenn sie gut gelingt. Dazu kann es hilfreich sein, sogar einmal kurz die Augen zu schließen und das Gefühl ganz stark heraufzurufen. Dann Augen auf und losreiten. Störend und für die Pferde irritierend ist es, wenn man lange Zeit galoppiert und dabei immer schon denkt: Gleich wechsle ich. Wenn das Pferd dann die Hilfe vorweg nimmt, muss man sich nicht wundern, sondern das Konzept ändern.

Eine Schwierigkeit, die sich besonders bei den Viererwechseln zeigt, ist das zu frühe Zurückspringen nach einem Teil der Serie. Wenn man zum Beispiel in einer kleinen Bahn arbeitet oder sich die lange Seite nicht gut einteilt, kann es passieren, dass man nach dem dritten Viererwechsel schon kurz vor der Ecke zur kurzen Seite ist. Oft wechseln die Pferde dann noch schnell in den Innengalopp, um nicht im Kontergalopp durch die Ecke balancieren zu müssen. So ging es mir längere Zeit mit meinem jungen Lusitano Oasis. Jeweils drei Viererwechsel sprang er sauber, den vierten Wechsel machte er nach drei Galoppsprüngen. Ich ärgerte mich, wechselte die Hand, übte auf dem Mittelzirkel – ohne Erfolg. Die Lösung brachte ein bisschen Überlegung. Jeweils nach dem dritten gelungenen Viererwechsel dachte ich: Nicht zu früh zurückwechseln, ruhig sitzen bleiben, Schenkel liegen lassen – Oasis wechselte nach drei Sprüngen. Zwang ich ihn, renversartig gestellt, durch die Ecke, regte er sich auf und wurde heftig. Bis ich endlich soweit war, positiv zu formulieren und nach dem dritten Wechsel dachte: Wir bleiben im Kontergalopp, wir bleiben im Kontergalopp .... und siehe da, Oasis beruhigte sich und blieb im Kontergalopp. Nach einigen Tagen konnte ich dann aus dem Kontergalopp-Gedanken den vierten Viererwechsel auf den Punkt reiten. Wir waren beide sehr erleichtert! Zu diesem positiven Denken gehört natürlich eine korrekte Hilfengebung. Hier sollte man im Zweifelsfalle Sitz und Einwirkung überprüfen lassen, oft stimmen Gefühl und Aussehen nicht überein. Steht die Hinterhand des Pferdes etwas zur falschen Seite? Sitzt man schief, belastet eine Seite mehr? Verlegt man die Schenkel zu früh oder zu stark, macht das Bein zu früh auf? Bremst durch unterschiedliche Handhöhe eine Seite aus? Hier hilft ein kompetenter Lehrer oder auch Videoaufnahmen, das Gefühl mit dem Aussehen zu vergleichen und Ungenauigkeiten in der Hilfengebung zu vermeiden.

Ein häufiger Fehler bei den Serienwechseln ist das Schwanken von Pferd und Reiter. („Ihr naht Euch wieder, schwankende Gestalten" – Goethe)

Oft entsteht es aus einem während der Serie unruhiger werdenden Sitz. Manchmal hat man als Reiter das Gefühl „Viel hilft viel" und übertreibt mit den Hilfen, fängt an, mit den Schultern mitzuhelfen, oder wuchtet mit dem ganzen Oberkörper hin und her, das Gesäß kommt aus dem Sattel, man verlegt die Schenkel stark, pariert sehr deutlich.

Es gibt sicher auch phlegmatische Pferde, die man mit viel Aufwand irgendwie dennoch zum Wechseln bringt, in den meisten Fällen ist aber ein übertriebener Aufwand eher störend und behindert das Pferd. In der Lernphase kommt zwar die Eindeutigkeit der Hilfen vor der Unsichtbarkeit, aber meist hilft es, die einzelnen fliegenden Wechsel auf feine Hilfen abzusichern, um in der Serie keine übertrieben starke Einwirkung mehr zu entfalten. Wenn sich also während der Ausbildung der Serienwechsel Schwierigkeiten ergeben, kann es helfen, nochmals zu den einzelnen Wechseln zurückzukehren und deren Ausführung auf leichte Hilfen zu verbessern, auch als Selbstkontrolle für den Reiter.

Auch wenn das Pferd während der Serie anfängt, einzelne Wechsel nachzuspringen, ist es hilfreich, das Durchspringen nochmals in einigen einzelnen, gut betont gerittenen Wechseln abzusichern, um dann ohne Bruch wieder zur Serie zurück zu kommen.

Welche Schwierigkeiten auch immer sich ergeben, in jedem Fall ist es wichtig, dass man nicht wild herumprobiert, sondern sauber, wenn nötig mit Hilfe von unten analysiert, um dann überlegt weiter zu machen. Ganz wichtig ist ein positiver Abschluss der jeweiligen Arbeit in den Wechseln; bei größeren Schwierigkeiten kann das auch heißen, seine Anforderungen zurück zu nehmen und mit einer gelungenen Lektion, nach der man ausgiebig lobt, aufzuhören. Hat zum Beispiel ein Pferd, das die Viererwechsel schon mehrfach gut ausgeführt hat, für das eine Serie mit vier oder sechs Viererwechseln normalerweise kein Problem mehr darstellt, einen Tag, an dem es nicht gut mitmacht, unkonzentriert ist, aus dem Galopp ausfällt oder anfängt, vor den Hilfen zu wechseln oder die Hilfen zu ignorieren oder im Tempo freier zu werden oder ... Was tun? Je nachdem: das ausfallende Pferd wird man im Galopp zu mehr Durchsprung anregen, das im Tempo freier werdende besser versammeln, das die Hilfen vorweg nehmende durch Abwechslung konzentrieren, um dann mit dem optimal vorbereiteten Pferd eine Serie Viererwechsel zu reiten und es nach gelungener Ausführung zu loben, und zwar ausgiebig.

Erst wenn die Lektion wirklich abgesichert ist und zum Standardrepertoire gehört, wird man auf wiederholter Ausführung bestehen, dann allerdings auch Abwechslung in die Arbeit bringen, indem man die Viererwechsel auf unterschiedlichen Linien reitet: Ganze Bahn rundum, das heißt auch durch die – abgerundeten – Ecken, auf dem zweiten Hufschlag – sehr gut, um das Pferd wirklich aktiv gerade zu richten, auf der Diagonalen, auf dem Zirkel, eventuell auch aus dem Zirkel wechselnd, auf dem Mittelzirkel.

Galopp-Traversale zur Erhöhung der Konzentration und der Versammlung. Lusitanohengst Girassol mit Ruth Giffels

Dreierwechsel

Manche Linien empfehlen sich erst, wenn man einen höheren Versammlungsgrad einhalten kann, die Mittellinie zum Beispiel deshalb, weil das Pferd aus einer relativ kleinen Wendung kommt. Manche sind für die Ausführung von schön nach vorne gesprungenen Serienwechseln geradezu hinderlich: Die Bögen von Schlangenlinien, kleine Zirkel und Volten gehören dazu.

Damit das Pferd bei fortschreitender Gewöhnung die Wechsel nicht mechanisch macht, kann man auch das Galopptempo variieren, versammelnde Lektionen ohne Wechsel in den Übungsablauf einbauen, Zirkel verkleinern, Schulterherein im Galopp, und daraus zulegen. Das Zulegen und wieder Versammeln im Kontergalopp verbessert die Balance und die Achtung auf die Hilfen.

Traversalen erhöhen die Versammlungsfähigkeit, auch hier hat man eine Vielzahl von Variationsmöglichkeiten: Vom Hufschlag bis zur Mittellinie, danach gerade richten und im Innengalopp bleiben, oder gerade richten, einen fliegenden Wechsel reiten und auf die andere Hand abwenden. Von der Mittellinie zum Hufschlag hin traversieren, dort gerade richten und einen fliegenden Wechsel reiten, oder im Kontergalopp bleiben, die Ecke durchreiten und Mitte der kurzen Seite fliegend wechseln. Schlangenlinien, mal im selben Galopp bleibend, hier muss das Pferd sich schon gut versammeln lassen, um im Kontergalopp schön durchzuspringen. Alternativ Schlangenlinien mit fliegenden Wechseln jeweils beim Überreiten der Mittellinie, hier muss man darauf achten, das Pferd vorher schön gerade zu richten.

Wenn die Viererwechsel regelmäßig gut gelingen und das Pferd sich gut versammeln und wieder vorschicken lässt, kann man mit den Dreierwechseln beginnen.

Sie sind nach meiner Erfahrung sehr viel leichter auszubilden als Viererwechsel.

Das Pferd wechselt nach jedem dritten Galoppsprung. Der Dreierrhythmus fällt den meisten Pferden und Reitern leicht. Das mag mit daran liegen, dass zwischen den einzelnen Wechseln nicht so viele Galoppsprünge liegen, in denen die Konzentration nachlassen, der Reiter im Sitz unruhig werden kann oder das Pferd das Tempo oder den Rahmen verändert.

Hier noch einmal die Anforderungen an alle Serienwechsel positiv formuliert: Das Pferd bleibt in sich gerade, Takt und Sprung bleiben erhalten, die Anlehnung bleibt gleich, die Silhouette des Pferdes und des Reiters auch.

Die Geraderichtung ist während der Ausbildung oft noch nicht ganz optimal, und Pferden, die sich mit den Wechseln insgesamt schwer tun, erleichtert man ein sauberes Umspringen, wenn man die Hinterhand zunächst leicht auf die jeweilige neue innere Seite stellt. Konkret heißt das: Für den Wechsel nach rechts stellt man die Hinterhand leicht nach rechts, für den nach links eben auf die linke Seite. Das ist eine Hilfe, die dem Pferd das korrekte Durchspringen der Wechsel in Folge erleichtert, und entsprechend nur anzuwenden, wenn die Gefahr besteht, dass das Pferd hinten nachspringt. Wenn das Pferd in der Ausübung der Serie sicherer wird, vermindert man dieses leichte Hereinstellen. Auch übt man mit solchen Pferden immer wieder schön gerade gesprungene einzelne fliegende Wechsel, damit sie sich auf keinen Fall daran gewöhnen, für jeden Wechsel schief zu werden.

Bevor aber ein Pferd, das für die Wechsel nicht allzuviel Talent hat, gar keine Serienwechsel lernt, ist es eine erlaubte Vorstufe – lieber schief als nach!

Das Idealbild der auf gerader Linie schön nach vorne gesprungenen Wechsel darf man dabei nicht aus dem Kopf verlieren (und das Gefühl nicht aus dem Hintern).

Bei der Ausbildung der Dreierwechsel ergibt sich manchmal die Schwierigkeit, dass die Viererwechsel darunter leiden. Hier heißt es Ruhe bewahren und mit Bedacht die Stunde aufbauen. Wenn die Dreierwechsel noch recht neu sind, ist es hilfreich, sie an das Ende zumindest der Galopparbeit zu legen. Die Viererwechsel sollte man nicht vernachlässigen, sondern vor den Dreiern abfragen. Dazwischen reitet man bewusst andere Lektionen oder legt eine Pause ein, damit Pferd und Reiter nicht mischen. Für routinierte Reiter ist es kein Problem, die Wechsel-Rhythmen auseinander zu halten, für weniger Geübte ist die Pause hilfreich. Vor dem Reiten der für beide noch neuen Dreierwechsel erinnere man sich an das Gefühl bei gelungener Ausführung, auch lautes oder Zählen in Gedanken kann zur Vorbereitung helfen: Eins, Zwei, Drei; Zwei, Zwei, Drei; Drei, Zwei, Drei; ...oder auch links, Zwei, Drei; rechts, Zwei, Drei; Walzer im Galopp!

Dieses Gedankenspiel vorab macht man am besten im Schritt am langen Zügel, dann stellt man das Pferd zusammen, galoppiert an und reitet die Dreierwechsel. Wenn man das Gedankenspiel im Galopp macht, gibt man schon Impulse, die das Pferd als Wechselhilfen verstehen kann, auch wenn man sich doch nur vorbereiten wollte.

Turnieranforderungen der Klasse S

„Die Serienwechsel sollen gerade, bergauf und im Rhythmus des Galoppsprungs ausgeführt werden. Das Tempo muss während der Serienwechsel gleichmäßig durchgehalten werden. Auf die genaue Einhaltung der jeweiligen Sprungzahl und die richtige Einteilung der Serienwechsel auf der geforderten Linie muss geachtet werden." (Aufgabenheft Reiten, Ausgabe 2000, S. 15)

Generell werden die Serienwechsel aus dem versammelten Galopp heraus auf geraden Linien gefordert.

Die Serienwechsel werden ab Klasse S verlangt. In der S 1 und S 2 sind drei fliegende Galoppwechsel zu vier Sprüngen auf der Diagonalen zu reiten, in der S 2 außerdem drei Dreierwechsel auf der Mittellinie. Hier kann die gerade Ausführung durch den bei C sitzenden Richter besonders gut beurteilt werden. Eine oftmals vernachlässigte wichtige Hilfe beim Geraderichten ist der Blick des Reiters zu dem jeweils anzureitenden Bahnpunkt. Außerdem sollte man das Pferd mit beiden Schenkeln gut einrahmen und die Schultern möglichst ruhig halten, um seitliches Schwanken zu vermeiden. Hier zahlt es sich aus, wenn man das Geraderichten durch häufiges Reiten ohne Bandenanlehnung geübt hat.

In der Aufgabe S 3, wie die zuvor genannten auf Vierecken der Größe 20 mal 40 Meter zu reiten, sind drei Dreierwechsel auf der Diagonalen und fünf Zweierwechsel auf der nächsten Diagonalen zu reiten. Das erfordert einen gut versammelten Galopp! Nach dem Durchreiten der Ecke und dem Abwenden auf die Wechsellinie muss das Pferd gut gerade gerichtet werden, um die Wechsel schön nach vorne durchspringen zu können. Der mittlere Wechsel der Serie soll bei X erfolgen, je nach Galoppade des Pferdes muss man sich die Linie einteilen. Beginnt man zu spät,

Biotop mit Ingrid Klimke vor dem Wiesbadener Schloss

kommt man in Raumnot, beginnt man zu früh, wird das Pferd kaum gerade gerichtet sein. Die Wertnoten für die Dreierwechsel in der S 2 und die Zweierwechsel in der S 3 sind mit dem Koeffizienten 2 versehen.

Ab der S 4 wird auf einem Viereck der Größe 20 mal 60 Meter geritten. In der S 4, S 5 und S 6 sind Viererund Dreierwechsel gefordert, die Dreierwechsel zählen in der Wertung doppelt.

In der S 7 werden 3 Dreierwechsel auf der Linie „durch die halbe Bahn wechseln" verlangt, direkt im Anschluss wird wieder durch die halbe Bahn gewechselt mit 5 Zweierwechseln auf dieser zweiten Diagonalen, letztere mit dem Koeffizienten zwei versehen. Dreier- und Zweierwechsel direkt nacheinander zu reiten erfordert hohe Konzentration und Lektionssicherheit von Pferd und Reiter. Sollte während einer Wechselserie einmal ein Fehler auftreten, darf man sich nicht irritieren lassen, sondern die Serie so gut es geht fortsetzen und insbesondere die nächste frisch anreiten. Wenn man während der Zweierwechsel gedanklich noch an der misslungenen Dreierserie klebt, werden auch die Zweier kaum gelingen! Also: jeweils auf die nächste anstehende Lektion konzentrieren, und zwar so, dass man den Erfolg vorweg nimmt. Die Gedanken dazu könnten zum Beispiel so lauten: „Jetzt waren schon die Dreier nicht gut, die klappen doch sonst immer, wie sollen da erst die Zweier werden?" So nicht! Lieber so: „Patzer bei den Dreiern, egal, jetzt machen wir die Zweier umso schöner!"

Nach der Prüfung ist Zeit zu analysieren, warum die Fehler aufgetreten sind.

In der Aufgabe S 8 werden jeweils auf der Diagonalen sieben Zweier- sowie neun Einerwechsel gefordert, im Grand Prix dann neun Zweier- und fünfzehn Einerwechsel.

Variationsmöglichkeiten für das Reiten der Serienwechsel bieten die Küren, in denen je nach Schwierigkeitsgrad zwar bestimmte Pflichtlektionen verlangt werden, der Aufbau aber bleibt dem Reiter überlassen. Hier sieht man hin und wieder auch Serienwechsel auf gebogenen Linien, Zirkeln vor allem.

Neben den Serienwechseln werden Traversalen, halbe und ganze Galopp-Pirouetten, Übergänge vom versammelten zum starken Galopp und zurück gefordert. Bei den doppelten halben und Zick-Zack-Traversalen muss man für die Galoppwechsel zwischen den Traversalen das Pferd gut gerade richten. Dazu nimmt man zum Ende der jeweiligen Traversale die Hinterhand gut mit, richtet gerade und wechselt, um dann mit der Vorhand voraus die neue Traversale zu beginnen. Versäumt man den guten Abschluss der jeweiligen Traversale, ist das Pferd für den Wechsel nicht gerade und kommt mit der Hinterhand voraus in die neue Traversalrichtung. Das ist fehlerhaft, es springt so mit der Hinterhand nicht mehr unter das Gewicht, sondern seitlich daran vorbei.

Im Training sollte man die Traversalen unterschiedlich steil üben, so kann man Platz gewinnen, um vor den Wechseln gut gerade richten zu können.

Zweierwechsel

Für die Zweierwechsel nimmt der Versammlungsgrad noch zu, zwischen den Wechseln liegt jeweils nur noch ein normaler Galoppsprung. Mit der Ausbildung der Zweierwechsel sollte man erst beginnen, wenn Vierer- und Dreierwechsel leicht gelingen. Ansonsten gilt alles für die anderen Serienwechsel bereits Gesagte. Wichtig ist auch hier, dass der Rahmen und die Aufrichtung erhalten bleiben, unschön ist es, wenn das Pferd zwischen den Wechseln „abtaucht", also das Gewicht auf die Vorhand verlagert.

Wenn man mit der Ausbildung der Zweierwechsel beginnt, zählt man sich – zunächst wieder in Gedanken – den Rhythmus vor: Eins, Zwei; Zwei, Zwei, ... und reitet dann los. Die Hilfen zum Wechseln gibt man im Moment des einen Galoppsprungs nach dem ersten Wechsel, je nach Sensibilität des Pferdes etwas früher oder später. Bei einem fein gestimmten, reaktionsfreudigen Pferd ist der optimale Moment für die Hilfe kurz vor der Schwebephase, in der ja der Wechsel des vorspringenden Hinterbeines erfolgt.

Bei der ersten Aufforderung zu Zweierwechseln fragt man nur zwei, maximal drei Zweierwechsel an, lobt ausgiebig und beendet für den Tag die Galopparbeit. Hat das Pferd verstanden, was gefragt ist, strebt man noch nicht unbedingt eine lange Serie an, sondern sichert das Verständnis erst einmal durch Wiederholung kürzerer Serien ab, reitet also nur zwei Zweierwechsel, lobt, galoppiert ruhig weiter, reitet wieder zwei Zweierwechsel, lobt, ... Diese Übung kann man auch aus dem Kontergalopp beginnen. Bleibt das Pferd ruhig an den Hilfen, verlängert man die Serie jeweils um einen weiteren Wechsel, reitet zwischendurch ruhigen Galopp und optimiert wenn nötig Sitz und Aufrichtung. Zwischen den Serien sollte man auch immer wieder einmal im Galopp zulegen, um den Galoppsprung frisch zu erhalten.

Wenn der Vorwärtszug bei den Serienwechseln nachlässt, kann man Tempounterschiede im Galopp reiten und dann eine Serie Wechsel einmal bewusst in die Verstärkung hinein anlegen.

Es kann passieren, dass das Pferd, das in den verschiedenen Serienwechseln noch nicht routiniert ist, aus dem Rhythmus kommt und anfängt, zum Beispiel Dreier- und Zweierwechsel zu mischen. Eine Möglichkeit, um ihm das Auseinanderhalten in der Lernphase zu erleichtern, ist die Arbeit auf zunächst immer derselben Hand: So reitet man die Dreier beispielsweise immer auf der rechten Hand, die Zweier zunächst immer auf der linken. Das gilt natürlich nur für die Lernphase, bis das Pferd Sicherheit in der neuen Lektion gewonnen hat. Sehr routinierte Reiter brauchen solche Unterscheidungshilfen meist nicht, anderen können sie die Arbeit erleichtern.

Um die Versammlung zu verbessern und die Wechsel ausdrucksvoller zu reiten, bieten sich Galopp-Traversa-

Zwischen den Serien sollte man immer wieder im Galopp zulegen.
Kladruberhengst Favory Ravella mit Richard Hinrichs

len und Pirouetten an: Aus einer Traversale heraus gerade richten und einzelne Wechsel verlangen, oder aus halben oder Viertel-Pirouetten heraus mit einem gut gesetzten Pferd eine Serie schön bergauf gesprungener Wechsel reiten.

Viertel-Pirouette als Vorübung zur Pirouette und Verbesserung der Versammlung. Lusitanohengst Girassol mit Ruth Giffels

Einerwechsel

Auch Einerwechsel sind ganz natürliche Bewegungen, die man bei Pferden auf der Weide beobachten kann. In einer TV-Dokumentation des WDR von der Tournee der Spanischen Reitschule Wien im Jahr 2002 sieht man im Vorspann eine Pferdeherde auf der Weide, ein Fohlen galoppiert munter in Einerwechseln seiner Mutter hinterher. In dieser Aufnahme sieht man auch eine Solo-Darbietung des Oberbereiters Klaus Krzisch mit Siglavy Mantua. Darin zeigt er unter anderem eine Diagonale lang Einerwechsel, wendet auf die Mittellinie und reitet dort über 20 Einerwechsel, am Ende legt er eine zweieinhalbfache Links-Pirouette an, galoppiert wieder in Einerwechseln die Mittellinie entlang, legt eine anderthalbfache Rechts-Pirouette an, um weich zum Schritt und daraus zur Passage überzugehen. Der Hengst wird einhändig auf blanker Kandare geführt, die Hilfengebung ist sehr dezent, fast unsichtbar. Solche Bilder gilt es abzuspeichern, auch wenn man von diesem Perfektionsgrad zunächst nur träumt.

Auch auf Turnieren kann man oft sehr schön sicher vorgesprungene Einerwechsel auf dezente Hilfen sehen. Welches Vorbild man sich aussucht, hängt vom persönlichen Geschmack ab, wichtig ist, dass man eine Vorstellung davon entwickelt, wie es aussieht, wenn es gut ist. In Kombination mit dem eigenen Reitgefühl entsteht daraus ein innerer Film, den man sich öfter „angucken" sollte, bevor man losreitet. Ich nutze das in der Ausbildung. Wenn ich einem Pferd die Einerwechsel beibringe, erinnere ich mich kurz daran, wie es sich anfühlt, wenn die Einer gut gelingen, dann reite ich los.

Wenn die Zweierwechsel gut abgesichert sind, kann man mit der Ausbildung von Einerwechseln anfangen. Dabei springt jedes Hinterbein des Pferdes zweimal direkt nacheinander. Dadurch kann ein hüpfender Eindruck entstehen, besonders bei Pferden mit relativ kurzem Galopp. Die Hilfen zum Umspringen werden von Sprung zu Sprung gegeben. Für ein großräumiges Verlegen der Schenkel ist keine Zeit mehr, wer also bis jetzt seine Wechselhilfen nicht verfeinert hat, wird spätestens jetzt Schwierigkeiten bekommen. Darin liegt nach meiner Beobachtung das Problem mancher Reiter, die ihre Pferde bis zu Zweierwechseln ausbilden konnten.

Zum Lernen der Einerwechsel beginnt man zunächst wieder mit nur zwei Wechseln. Die Aufmerksamkeit richtet man auf das prompte Zurückwechseln nach dem ersten Wechsel. Dieser erste Wechsel ist nach der vorangegangenen Ausbildung für Pferd und Reiter selbstverständlich, neu ist das sofortige Zurückwechseln. Im dem Moment, wo der Reiter den ersten Wechsel ausgelöst hat, gibt er schon die Hilfe für den zweiten. Gelingen diese ersten beiden Einerwechsel, lobt man und galoppiert ruhig weiter. Gelingen sie nicht auf Anhieb, bleibt man ruhig und wiederholt die Aufgabe gut konzentriert. Zu Beginn der Lernphase wiederholt man diese beiden Einerwechsel ein paar Mal, lässt auch aus dem Kontergalopp nach innen und sofort wieder zurück wechseln. Wenn das Pferd diese Aufgabe verstanden hat und dabei ruhig bleibt, verlängert man die Serie um einen weiteren Wechsel. Wie beim Erlernen der Zweierwechsel kann es dazu kommen, dass das Pferd anfängt, Zweier- und Einerwechsel zu mischen. Wenn das passiert, kann es hilfreich sein, wiederum eine Hand für die Einerwechsel zu reservieren, zum Beispiel reitet man eine Zeit lang die Zweierwechsel nur auf der rechten Hand und die neu zu erlernenden Einerwechsel nur auf der linken Hand, bis Pferd und Reiter in den Einerwechseln sicherer geworden sind.

Wichtig ist, dass man selber ruhig bleibt und nicht anfängt, die Wechselhilfen hektisch zu geben. Das Pferd muss optimal vorbereitet sein, nur dann macht es Sinn, diese schwierige Aufgabe anzugehen. Je nach Tagesform ist es besser, einmal auf die Einerwechsel zu verzichten, erzwingen kann man sie ohnehin nicht und eine aufgeregte oder gar aggressive Grundhaltung wirft einen in der Ausbildung eher zurück als dass sie nutzt.

Durch die Galopp-Piourette wird die Versammlung vor dem Reiten der Serienwechsel erhöht.
Kladruber-Hengst Favory Ravella mit Richard Hinrichs

Das Pferd gibt das Lerntempo vor. Wenn es zwei bis drei Einer ruhig und sicher, aus dem Innen- oder Kontergalopp beginnend, springt, wiederholt man diese Anforderung möglichst zweimal an einer langen Seite, dazwischen galoppiert man ruhig weiter und optimiert gegebenenfalls die Aufrichtung und den Vorwärtssprung, der nicht verloren gehen darf. Wenn man so weit gekommen ist, kann man die Serie meist problemlos verlängern.

Bei sehr empfindlichen Pferden kann es hilfreich sein, für die ersten längeren Serien etwas leichter einzusitzen. Dadurch, dass jedes Hinterbein zweimal direkt nacheinander springt, bekommt der Reiter ungewohnte Bewegungsimpulse unter das Gesäß. Sitzt er dagegen an, kann das bei rückenempfindlichen Pferden zu Verspannungen und Aufregung führen.

Ansonsten gilt hier für den Sitz das schon mehrfach Gesagte: je ruhiger er bleibt, desto besser.

Besonders schön empfinde ich Serien von Einerwechseln dann, wenn die Hilfengebung nahezu unsichtbar wird. Das ist in der Lernphase nicht gleich zu schaffen, bleibt aber doch mein Ziel. Dazu dient es, das Pferd noch stärker als bisher auf den Arrêt zu stimmen und ein unsichtbares Öffnen des Schenkels auf der jeweils neuen inneren Seite. Dieses Öffnen ist keineswegs ein Abspreizen des Schenkels vom Pferdeleib, dafür bliebe auch gar keine Zeit. Vielmehr ist es ein Vermindern des Kontaktes, in der Idee, das Pferd einzuladen, zu dieser Seite zu wechseln.

Manche Pferde nehmen die Hilfen vorweg, nachdem sie die Einerwechsel verstanden haben, und fangen von sich aus an zu wechseln. Zum einen muss der Reiter sich fragen, ob er nicht vielleicht an Einerwechsel gedacht hat. Zum anderen kann es gut sein, Abwechslung in die Übungsabläufe zu bringen. Dazu ist folgende Aufgabe besonders geeignet: Man reitet eine Serie mit zunehmender und wieder abnehmender Wechsel-Sprungzahl: Vier, Drei, Zwei, Eins, Eins, Zwei, Drei, Vier. Das ist eine Olympiade-Aufgabe aus dem Jahr 1952. Auch in Variation ist sie ein guter Prüfstein für die Aufmerksamkeit des Pferdes und die Genauigkeit der Hilfengebung.

Bei Pferden, die öfter mit einem Hinterbein kürzer springen, kann es nutzen, einen Impuls aus dem Schenkel immer nur für dieses Hinterbein zu geben, für die andere Seite öffnet man nur leicht den entsprechenden inneren Schenkel. Springt zum Beispiel ein Pferd immer hinten rechts etwas kürzer vor, gebe ich für den Wechsel nach links (rechtes Hinterbein springt in den Linksgalopp ein) einen Impuls mit dem rechten Schenkel. Für den anschließenden Wechsel nach rechts gebe ich keinen Impuls aus dem linken Schenkel, sondern öffne nur etwas das rechte Bein. So reitet man die Einerwechsel sozusagen nur noch mit einem Bein.

Einerwechsel im Damensattel

Wenn ich so weit bin, dass ein Pferd auf sehr leichte Hilfen Einerwechsel springt, kann ich es auch unter dem Damensattel dazu auffordern. Ich habe mit mehreren Pferden die Erfahrung gemacht, dass sie Einerwechsel unter dem Damensattel völlig problemlos ausführen.

Eine Möglichkeit der Hilfengebung ist das eben beschriebene Stimmen alleine auf den linken Schenkel in Kombination mit rechts und links wechselnd gegebenen Arrêts.

Bewusst gebe ich diese Hilfe, glaube ich, gar nicht, ich „denke" Einerwechsel und reite los.

Durch den veränderten Sitz holt das Pferd sich bei jedem Wechsel selber seine Hilfe ab, und zwar über die Sitzknochen, die hier stärker zur Einwirkung kommen: Wenn das Pferd nach rechts wechselt, springt es mit dem linken Hinterfuß in den Rechtsgalopp ein. Es setzt mich nach rechts, dadurch wird der rechte Gesäßknochen verstärkt belastet. Diese stärkere Belastung des rechten Gesäßknochens animiert das Pferd, mit dem rechten Hinterbein vorzuspringen – der Wechsel in den Linksgalopp. Es setzt mich nach links ...

Einerwechsel im Damensattel, rechts, links, rechts, links ...
Lusitanohengst Girassol mit Ruth Giffels

... und danach freies Vorwärts.

Einerwechsel mit Hunden

Ja, Sie haben richtig gelesen. Nicht nur Pferde wechseln fliegend den Galopp! Einen fliegenden Wechsel kann man bei Hunden öfter sehen, aber Einerwechsel?

In dem Buch „Hackes Tierleben" von Axel Hacke mit Bildern von Michael Sowa findet sich folgendes Zitat: „... und wir erinnern uns des alten, 1913 erschienenen Hundedressur-Handbuchs des Freiherrn von Creytz, welcher einst Doggen „das tempomäßige Abchangieren im Galopp (les changements du pied au temps)" beibrachte: Beim dahinpreschenden Hund hat sich einmal der linke, einmal der rechte Vorderlauf vorne zu befinden, der Wechsel derselben muss in der Luft stattfinden. Es sei eine wahrhafte Freude (schreibt Creytz), auf das Kommando „Changez!" eine schön gebaute deutsche Dogge im tempomäßigen, changierenden Galopp an sich vorüberziehen zu sehen ... da das den Dresseur umkreisende Tier förmlich einherzuschweben scheint ... ein für den Kynologen und Kynophilen seltener Anblick."

Das Bild kann ich mir bei einem langbeinigen, eleganten Hund auch schön vorstellen. Und welche Möglichkeiten für ein Pas de Deux der besonderen Art sich daraus entwickeln ließen – allein, mir fehlt der passende Hund. Mein bunter Hund geht spanischen Schritt und springt sehr schöne Courbetten, aber die Idee, ihr Wechsel auf Hilfe beizubringen („Hopp") kam sehr spät. Nun wechselt sie zwar, aber „nach freiem Ermessen".

Bunte und Girassol im spanischen Gleichschritt

Lusitanohengst Oasis in der Piaffe mit Ruth Giffels

Liebe Leser,

hoffentlich haben Sie bei der Lektüre Ideen bekommen, wie Sie Ihr Pferd im Galopp und in den Wechseln fördern können. Wenn es mir gelungen ist, Ihnen Freude an diesen Themen zu vermitteln und Ihre Reiterei dadurch zu bereichern, würde ich mich über eine Rückmeldung freuen. Falls Sie Kritik und andere Ideen haben, auch!

Mir hat das Schreiben zu einer sehr gründlichen Selbstbeobachtung verholfen. Insofern hat es mich diesen Sommer zwar zeitlich manchmal vom Reiten abgehalten, aber auf neue Ideen gebracht.

Ruth Giffels

LITERATUR VERZEICHNIS

Barbier, Dominique und Mary Daniels:
PERFEKT DRESSUR REITEN
Wege zur klassischen Pferdeausbildung
1. Aufl. Cham: Müller Rüschlikon, 2001

Dietze, Susanne von:
BALANCE IN DER BEWEGUNG
Der Sitz des Reiters
Warendorf: FN-Verlag, 2003

Guérinière, Francois Robichon de la:
REITKUNST ODER GRÜNDLICHE ANWEISUNG
Hildesheim: Olms, 1989

Hacke, Axel:
HACKES TIERLEBEN
Mit Bildern von Michael Sowa
1. Aufl. München: Kunstmann, 1995

Hinrichs, Richard:
PFERDE - TÄNZER AN LEICHTER HAND
Reiten mit unsichtbaren Hilfen
2. Aufl. Wedemark: Edition Keno 1994

Hölzel, Petra und Wolfgang:
MENTALES TRAINING FÜR REITER
Der neue Weg zum erfolgreichen Reiten
Stuttgart: Franckh-Kosmos, 1995

Oliveira, Nuno:
KLASSISCHE GRUNDSÄTZE DER
KUNST PFERDE AUSZUBILDEN
2. Aufl. Hildesheim: Olms, 1999

Podhajsky, Alois:
DIE KLASSISCHE REITKUNST
Reitlehre von den Anfängen bis zur Vollendung
Stuttgart: Kosmos, 1998

Richtlinien für Reiten und Fahren:
Band 1: GRUNDAUSBILDUNG FÜR REITER UND PFERD
27. Aufl. Warendorf: FN-Verlag, 2000
Band 2: AUSBILDUNG FÜR FORTGESCHRITTENE
11. Aufl. und 13. Aufl., Warendorf: FN-Verlag, 1990 und 2001

Swift, Sally:
REITEN AUS DER KÖRPERMITTE
5. Aufl. Cham: Müller Rüschlikon, 1995
REITEN AUS DER KÖRPERMITTE
Band 2: PERFEKTION IM SATTEL
1. Aufl. Cham: Müller Rüschlikon, 2003

Wätjen, Richard L.:
DAS DRESSURREITEN
6. Aufl. Berlin: Parey, 1966

CADMOS Classic

Branderup/Kern

RENAISSANCE REITEN

Reiten Wie die Könige

Bent Branderup und Eberhard Kern ist es in diesem Buch gelungen, die Reitkunst des Antoine de Pluvinel neu zu beleben. Anhand von Texterklärungen und vielen anschaulichen Fotos wird dem heutigen Leser die Reitkunst der Ritter und Könige verständlich nahe gebracht.
Folgen Sie also dem jungen König auf seinem Weg zur Reitkunst.

112 Seiten, Großformat, farbig
ISBN 3-86127-381-0

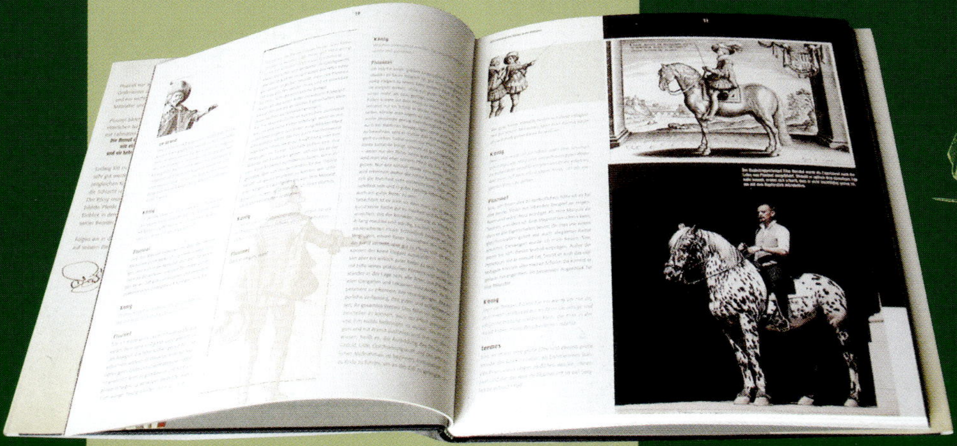

Branderup/Kern

BAROCKES REITEN

Nach F.R. de la Guérinière

Die Autoren haben Guérinières Ausführungen „Die Reitkunst – über die Ausbildung des Pferdes" überarbeitet und für heutige Leser aufbereitet. Die Zeitlosigkeit der Ideen ist faszinierend, und die Vorbildlichkeit des 200 Jahre alten Wissens macht dieses Buch zu einem Standardwerk für alle an klassischer Dressur Interessierten.

128 Seiten, Großformat, farbig
ISBN 3-86127-342-X

Gustav Steinbrecht

DAS GYMNASIUM DES PFERDES

Erstmals illustriert

Dieses Werk gehört zu den Klassikern der Reitkunst. Die hier zusammengefassten Gedanken über die Ausbildung von Pferd und Reiter bilden seit Anfang des 20. Jahrhunderts die Grundlage für die moderne deutsche Reiterei.
Wer ernsthaft reiten lernen will, sollte dieses Buch nicht lesen, sondern studieren.

240 Seiten, Großformat, farbig
ISBN 3-86127-357-8

CADMOS PFERDEBÜCHER

Cadmos Verlag GmbH · Im Dorfe 11 · 22946 Brunsbek
Tel. 0 41 07/85 17 0 · Fax 0 41 07/85 17 12
Besuchen Sie uns im Internet: **www.cadmos.de**
e-mail: info@cadmos.de

CADMOS
Die Kunst des Reitens

Demitrij Crnjac
PIAFFE UND PASSAGE

Zu einer Ausbildung von Piaffe und Passege benötigt der Trainer viel Können, um auftretende Probleme frühzeitig abzuwenden. In diesem Bucherfährt der Leser, welche unterschiedlichen Wege es gibt, diese Lektionen zu erarbeiten, welche Voraussetungen der Ausbilder und das Pferd erfüllen müssen und wie man Probleme vermeidet und Fehler korriegiert.

Format 17 x 24 cm, 64 Seiten, gebunden
ISBN 3-86127-371-3

Bent Branderup
REITEN AUF KANDARE

Dieses Werk soll dem Leser altes Wissen zugänglich machen. Es beschreibt die Geschichte der Kandare, die Ausbildung eines jungen Pferdes zur Kandarenreife bis hin zu den Lektionen der hohen Schule. Wie eine Kandare wirkt und wie hoch der Leistungsstand des Reiters sein muss, beschreibt Bent Branderup in diesem anschaulichen Fachbuch.

Format 24 x 27 cm, 96 Seiten, gebunden
ISBN 3-86127-360-8

Alfons Dietz
VON DER WEIDE ZUR VERSAMMLUNG

Beginnend mit den elementaren Voraussetzungen von Pferd und Reiter und ihrem ersten Kontakt auf der Weide , spannt Alfons Dietz in diesem Buch den Bogen von den Grundlagen der klassischen Reitkunst wie Takt, Gleichgewicht, Durchlässigkeit und Biegung bis hin zur beginnenden Versammlung und Aufrichtung sowohl an der Hand als auch unter dem Reiter.

Format 17 x 24 cm, 144 Seiten, gebunden
ISBN 3-86127-393-4

CADMOS
PFERDEBÜCHER

Cadmos Verlag GmbH · Im Dorfe 11 · 22946 Brunsbek
Tel. 0 41 07/85170 · Fax 0 41 07/851712
Besuchen Sie uns im Internet: **www.cadmos.de**
e-mail: info@cadmos.de